図解

簿記・会計
の基本テキスト

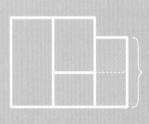
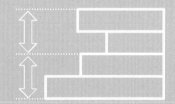

柳 年哉
川﨑 紘宗

著

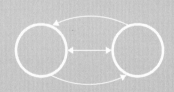

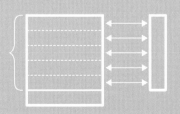

同文舘出版

は じ め に

　2017（平成29）年7月に文部科学省が公表した「中学校学習指導要領解説」
の〈社会編　公民的分野〉に「会計」が登場しました。この新学習指導要領
は2021年度から全面的に実施されます。その中で，企業会計の意味を考察す
ることを通じて，適正な会計情報の提供と提供された会計情報の活用を通じ
て，公正な環境のもとでの法令等に則した財やサービスの創造が確保される
仕組みを理解することが大切であるといわれています。このことから，会計
は社会生活のリテラシーといえます。会計に関する知識は，家計の収支計算
から，企業会計まで幅広いもので，資金の流れ，企業経営の状況を理解する
ために必要不可欠といえます。

　本書は，上記のような背景を踏まえ，主として，簿記・会計の基礎知識を
身につけたい人を対象にした入門書です。会計処理方法の理解を助けるため
に図解を多用し，会計数値の算定のために実務で使用されているワークシー
トを利用して説明しています。また，簿記会計の知識の習得は実践で学ぶこ
とが重要と考え，各章には会計処理方法を具体的に理解するために練習問題
を設けています。

　さらに，基礎知識は有しているがより深い知識を得たいという人のために，
一部の項目に関してはより深く説明している項目もあります。

　本書の第8章（リース取引），第11章（退職給付会計），第16章（キャッシ
ュ・フロー計算書）および第17章（連結会計）を理解するには，基礎知識が
必要とされるため，最初に他章を読み基礎的な会計処理方法を理解し，その
後これらの章を読むことを勧めます。これらの章には，基礎知識を土台とし
た応用問題を設けています。

　本書を作成するにあたっては，大学の授業で使用されることを想定し，公
立鳥取環境大学経営学部の学生に協力してもらい，学生の目線からの意見を
多く取り入れるようにしました。

　本書が，初めて簿記・会計を学習する多くの読者の皆さんのお役に立てる
書籍となれば，大変うれしく思います。

最後に，本書の原稿に目を通していただき，多くの貴重なコメントをいただいた神戸学院大学経営学部経営学科教授の安井一浩氏に御礼を申し上げます。

　また，出版までの過程において多大なるご尽力をいただいた同文舘出版株式会社の青柳裕之氏に，この場を借りて心より御礼申し上げます。

　2021年2月

公立鳥取環境大学

柳　年哉・川﨑 紘宗

※本書の刊行に際しては，公立鳥取環境大学学長裁量特別助成を受けています。

第 **3** 章　**現金預金**

第 **4** 章　**棚卸資産**

第 7 章　有形固定資産

第8章　リース取引

第9章　無形固定資産と繰延資産

第12章　その他の資産・負債

第13章　純資産

第 14 章 外貨建取引

第 15 章 本支店会計

第 16 章 キャッシュ・フロー計算書

第1章 簿記と会計の意義

1. 簿記の意義としくみ

　企業簿記を前提とすると，簿記は，企業のさまざまな経済活動を計数的に記録・計算・整理するための手段です。企業簿記では，複式簿記が用いられています。この複式簿記は，(1)貨幣的評価の要件，(2)二面的記帳の要件，(3)勘定記入の要件，を前提として成立しています。

(1)　貨幣的評価の要件とは，企業の経済活動のうち，貨幣金額で計量化できるもののみを会計データとして記録することです。

(2)　二面的記帳の要件ですが，企業の経済活動が行われると，2つの価値の流れが生じます。たとえば，現金で材料を仕入れた場合であれば，手持ちの現金が減少する流れと，受け取った材料が増加するという2つの価値の流れが生じます。この流れに着目して，企業の経済活動を2つの側面から記録することを二面的記帳の要件といいます。

(3)　勘定記入の要件とは，勘定と呼ばれる記録・計算の単位を用いて記帳を行うことです。この勘定は，勘定科目，左側の借方と，右側の貸方，つまり，プラスの計算量とマイナスの計算量を記入する以下のような左右対照的な2つの記入欄から構成されます。

勘定科目

借　方	貸　方

　上記のように，勘定は簿記の計算単位です。それゆえ，複式簿記は勘定を体系的に組織化したものであるといえます。では，この勘定はどのような必要性から生まれたのでしょうか。勘定は後日に決済をめぐって紛争が生じる恐れのある債権・債務を証拠保全するための形式と方法が工夫・改良される

中から生成してきました。言い換えると，記帳技術もしくは記録形式の研究を第一義的課題として体系的勘定組織を形成してきました。

2. 会計の意義

　しかし，企業の経済活動が拡大し，かつ，その内容が複雑化するようになると，現金や債権・債務に加えて，商品（棚卸資産）や建物（固定資産）などが記帳範囲に含められるようになり，記帳技術の運用に関する簿記の知識だけでは解答を与えることのできない新しい問題が生じてきました。それは評価（認識と測定）の問題です。

　たとえば，財務諸表を作成するときに，ある商品の価値が購入時よりも低くなっているとき，この商品の価値をどのように見積もればよいのかという評価問題や，建物（固定資産）などを一定期間使用したとき，その使用期間中に減少した価値はどのように見積もられるか，といった評価問題に対しては，簿記の知識では答えられなくなりました。このような評価問題の認識は，会計知識の体系化という観点からは，それまでの記帳技術論にとどまっていた段階から，今日的な意味における「会計学」への発展をもたらした大きな要因の1つであると考えられます。

　このように，簿記は記帳技術論として，また，会計は評価（認識と測定）論として，両者を一応区別することもできます。しかし，実際には両者を区別することが困難な場合が多いといえます。両者は相互補完的に関連しあっており，技術的には帳簿記入に関する1つのシステムを作り上げるとともに，知識体系的には，広い意味での「会計学」を構成しています。このような体系の中で，簿記論は，実質的に記帳技術の解説を中心的課題とした初等会計学の地位を占めています。

3. 複式簿記の基本構造

　複式簿記は，企業の経済活動を，資産，負債，純資産（資本），収益，費用の5つの要素によって計算します。複式簿記を理解するためにはこの5つの要素の間にどのような関係があるのかを理解することが必要となります。

　1つ目は，資産です。資産とは，有形・無形の経済的資源で，将来の収益稼得に貢献する可能性が高いと期待されるものです。たとえば，以下のようなもの（勘定科目）があげられます。

現　　金：所有している金銭や小切手など

預　　金：普通預金・当座預金・定期預金など

売掛金：商品を掛けで販売した場合に生じる債権

未収金：商品以外（たとえば，営業用の車）を売却した場合に生じる債権

貸付金：他人に金銭を貸した場合に生じる債権

備　　品：コピー機・ファックス電話機・パソコン・事務机等

車　　両：営業用トラック・車

土　　地：店舗の敷地

建　　物：店舗・倉庫など

商標権：商標を保護することを目的とする権利

のれん：企業が買収・合併等で支払った金額のうち，買収先企業の純資産を上回った差額

　2つ目は，負債です。負債とは，返済義務があるものです。たとえば以下のようなもの（勘定科目）があげられます。

買掛金：掛けで商品を購入した場合に生じる債務

未払金：商品以外（備品など）を購入した場合に生じる債務

借入金：他人から金銭を借り入れた場合に生じる債務

　3つ目は，純資産です。上記の資産と負債の差額として純資産が誘導されます。それは以下のような等式で表せます。純資産は，歴史的には資本と呼

ばれていました。

$$資産 - 負債 = 純資産（資本）$$

　これら資産と負債および純資産（資本）を一覧する報告書を貸借対照表といいます。

　貸借対照表とは，一定時点で企業が保有する資産，負債および純資産（資本）の状況を一覧表で示したもので，企業の財政状態を示す報告書です。左側に資産を書き，右側に負債と純資産（資本）を書きます。そして，左側の借方（＝資産）の金額と右側の貸方（＝負債＋純資産）の金額は必ず一致します。これを表す基本的な会計等式が以下の貸借対照表等式です。

$$資産 = 負債 + 資本$$

　簿記上では，資産，負債，または純資産（資本）の増減を引き起こす一切の事象を取引といい，いかなる取引が発生した場合でも，貸借対照表等式が成り立つように簿記処理をしなければなりません。このことを貸借平均の原理と呼びます。このための勘定記入の原則を示したものが，下記の資産，負債および純資産（資本）それぞれのグループの勘定になります。

	資産		負債		純資産（資本）
増加 （＋）	減少 （－）	減少 （－）	増加 （＋）	減少 （－）	増加 （＋）
	残高	残高		残高	

　上記の勘定に残高とありますが，資産である現金勘定で例示しながら残高

について説明します。ここでは，100万円の現金を保有していて，そのうち20万円の支払いを行った場合では現金勘定はどう示されるのでしょうか。

(借方)	現金	(貸方)
100万円 (＋)		20万円 (－)
		80万円 (残高)

　上の現金勘定のように，左の借方に100万円，貸方に20万円が記入されます。これは，100万円を保有しているということは，以前に100万円が増加する取引があったということですので，借方の資産の増加側に100万円を記入します。そして，20万円の支払いがあったということは，現金という資産が減少するので，貸方に20万円を記入します。そうすると，借方と貸方の差額の80万円が残高として手元に残っていることになりますが，この残高は上記勘定の**借方**のグレーの部分になります。このグレーで示された残高の部分が貸借対照表の**借方の資産**の中の現金勘定の金額として示されます。

　しかし，勘定をみてみると**貸方**に残高が表示されています。勘定形式における残高は，左側の借方の合計額と右側の貸方の合計額の直接的な差し引き計算によるのではなく，すべての計算を加算に引き直す加法的減算，つまり，金額の小さい側にいくら加えれば大きい側の金額に等しくなるかという形で計算されます。これは資産の勘定だけでなく，負債および純資産（資本）の勘定も同様の考え方で記入されます。

　複式簿記の計算要素の４つ目は，収益です。収益とは，企業の経済活動の成果で，収益は資本の増加要因になるものです。たとえば以下のようなもの（勘定科目）があげられます。

売　　　上：商品を販売することによって得た代金

受取手数料：商品以外のサービスを提供して得た代金

受 取 利 息：他人に金銭を貸した場合に生じる利息

受取配当金：他社の発行する株式から得られる配当

　収益は資本の増加要因となるものですので，勘定記入の原則も資本の記入原則に準じたものとなり，貸方で発生（実現）を認識します。

（借方）	収益	（貸方）
消滅（－）		発生（＋）

　5つ目は，費用です。費用とは，企業活動の成果を得るために費やされた努力で，費用は資本の減少要因になるものです。たとえば以下のようなもの（勘定科目）があげられます。
売 上 原 価：販売した商品の購入代金
給　　　料：従業員に支払う給料
水道光熱費：水道料・電気代・ガス代など
支 払 家 賃：テナントに入っている場合などに支払う家賃
支 払 利 息：他人から金銭を借りた場合に支払う利息

　費用は資本の減少要因となるものですので，勘定記入の原則も資本の記入原則に準じたものとなり，借方で発生を認識します。

（借方）	費用	（貸方）
発生（＋）		消滅（－）

　上記の収益と費用との差額から利益または損失を示し，一定期間の企業の経営成績を示す報告書が，損益計算書です。

（借方）	損益計算書	（貸方）
費用		収益
利益		

　収益と費用の差額から利益または損失が求められるわけですが，この利益または損失は，資本の純増加分または純減少分を意味します。それゆえ，繰り返しになりますが，加法的減算により，上記では借方に利益が記載されていますが，利益として算出される額は貸方側のグレーの部分に当たり，資本勘定の増加を認識する貸方側と一致するわけです。損失が出た場合は逆になります。

4. 仕訳

　複式簿記の要件の中で，二面的記帳の要件があると述べました。これは企業の経済活動が行われると，2つの価値の流れが生じ，この流れに着目して，企業の経済活動を2つの側面から記録することでした。この二面的な記帳を行うための記帳原則が，先に述べた勘定記入の原則です。それをまとめたものが，下記の取引8要素の結合関係[1]です。

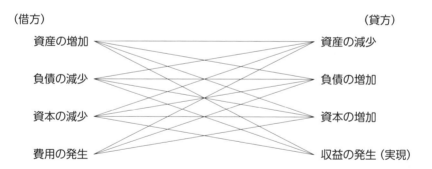

　複式簿記では，上記の記帳原則に則り，取引を2つの側面で捉えて勘定科目を用いて記録します。この取引を記録する行為ないしその結果としての記入内容を仕訳といいます。仕訳は仕訳帳と呼ばれる，取引を発生順に記録す

---

1) 資本の減少と資本の増加の例としては，第13章「5. 株主資本の計数の変動」で説明しています。また，費用の発生と資本の増加および収益の発生（実現）と資本の減少の例として，ストックオプションがあります。ストックオプションに関する説明は同様に，第13章「6. 新株予約権」で説明しています。

る帳簿に記入します。

　たとえば，「銀行からお金300円を借りた」という取引の場合まず，資産であるお金（＝現金）が増え，その一方で，負債である借入れ（＝借入金）も増えます。それゆえ，「現金」は資産であるから借方で増加を認識し，「借入金」は負債であるから貸方で増加を認識します。

資産	
増加 （＋）	減少 （－）

負債	
減少 （－）	増加 （＋）

　よって，仕訳は以下のようになります。

借方		貸方	
現金	300	借入金	300

　借方と貸方の金額は必ず一致します。借方・貸方の一方が，１つの勘定科目で，他方が複数の勘定科目の場合もあり，このような仕訳を複合仕訳といいます。たとえば，備品1,000円を購入し，このうち200円については現金で支払ったが，残り800円については後払いとした。なお後払い分は未払金という負債の勘定科目を用いて記入します。よってこの場合，以下のようになります。

借方		貸方	
備品	1,000	現金	200
		未払金	800

　簿記は，企業に生起した取引を貨幣金額的に把握し，これを勘定記録に整序して財務諸表に取りまとめるための記帳技術です。この取引の原初記入となるものが仕訳ですので，仕訳は複式簿記の計算的基礎を確立するという重要な意味をもっているといえます。

第2章 企業会計

1. 財務会計

　企業会計は，その利用目的に応じて財務会計と管理会計という2つの分野に分かれます。財務会計は，簿記をルーツとして古くからあった分野ですが，管理会計は20世紀前半に生まれた分野で，経営の効率化等のため予算管理の考え方が取り入れられ，シカゴ大学で管理会計が教えられました。

　財務会計は，財務諸表を中心とする会計情報を企業外部の利害関係者（ステークホルダー）の投資の意思決定に役立つ企業成果の予測情報および企業価値評価に係る将来のキャッシュ・フローに役立つ情報の提供を主たる目的としています。それゆえ，財務会計は外部報告会計といわれ，財務諸表の信頼性を担保するために会計に関する厳密なルールが定められています。

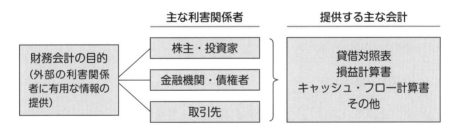

2. 会計公準

　会計公準とは，企業会計を行ううえでの基本的前提であり，会計に関するすべての原則は会計公準のもとに成立します。一般的に，会計公準には次の3つの公準があります。

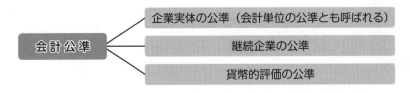

(1) 企業実体の公準

　企業実体の公準は，会計が行われる場を確定する公準であり，会計が行われる場として，会社単位，グループ単位，地域単位，国単位等が考えられます。企業実体の公準は，会計単位の公準と呼ばれることもあります。この公準が存在することによって初めて会社の資産・負債および純資産を，出資者個人の財産や債務から区別することが可能となり，企業会計の前提が成立することになります。

(2) 継続企業の公準

　継続企業の公準は，企業は予見可能な将来にわたって半永久的に存続するという仮定に基づいて企業会計を行う公準です。継続企業の公準に基づき，企業は財政状態や経営成績を投資家等に報告するために期間を人為的に区切り財務報告を行います。継続企業の公準は，会計の期間を区切るため，会計期間の公準と呼ばれることもあります。

(3) 貨幣的評価の公準

　貨幣的評価の公準は，企業会計の対象になる項目は貨幣で測定することができる事象に限定されるという公準です。したがって，この公準に従う場合，貨幣額で客観的に測定することができないものは，たとえそれが企業活動のために重要な役割を果たす要素であっても，原則として，企業会計の測定対象とすることはできません。

3. 財務会計の概念フレームワーク

　財務会計の概念フレームワークとは，財務報告は誰のためにあるのか，その目的は何か，その目的を達成するために必要な会計情報はどうあるべきかの根本的な考え方を示したものです。財務会計の概念フレームワークは会計基準ではありませんが，企業会計基準を作る（または開発する）ための基礎（指針）となる概念です。たとえば，企業会計基準に取り上げられていない会計事象が発生した場合，財務諸表の作成者（企業）が当該事象に関する会計処理を考える際の指針となる概念です。財務会計の概念フレームワークの趣旨に従って会計処理を行えば，現行の会計基準との整合性が保たれ矛盾が生じない結果となります。日本の財務会計の概念フレームワークは，2006年12月に企業会計基準委員会が討議資料として公表しています。国際会計基準審議会[2]は，2018年3月29日に財務報告に関する概念フレームワークの改訂を公表しました。2018年の改訂では，全体を通しての見直しが行われ，新しい章が付け加えられています。日本の討議資料として公表された財務会計の概念フレームワークも改訂され，確定版が公表されるかもしれません。

　討議資料として公表された財務会計の概念フレームワークは，以下の章から構成されています。

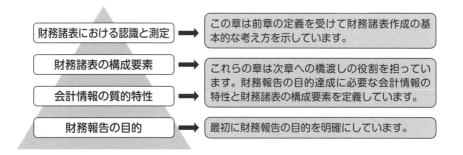

---

2) 国際会計基準審議会（International Accounting Standards Board：IASB）とは，世界共通の会計基準の策定を目指して設立された民間団体で，国際会計基準審議会が公表する会計基準は国際財務報告基準（International Financial Reporting Standards：IFRS）と呼ばれています。

(1) 財務報告の目的

財務会計の概念フレームワークに規定されている財務報告の目的は以下の
とおりです。

①投資家に対して，意思決定に役立つ企業成果の予測や企業価値の評価の
ために必要な将来のキャッシュ・フローに役立つ情報の提供を主たる目
的としています。具体的には，以下の項目があげられます。

- 企業の株式等を売買するまたは保有する際の意思決定に役立つ情報
- 企業に資金を貸し出す際の意思決定に役立つ情報
- 経営者の企業運営に関し，投資家が判断する際に役立つ情報（株主総
会での議決権行使に役立つ情報等）

②会計情報は，公的な規制や企業関係者間の私的契約等を通じた利害調整
に副次的に利用されることも目的としています。具体的には，以下の項
目があげられます。

- 会社法における配当制限（株主と経営者および債権者との利害調整）
- 法人税法における課税所得の計算（国と納税者との利害調整）
- 金融規制に関する自己資本比率規制（金融機関と金融市場との利害調
整）

(2) 会計情報の質的特性

前述の財務報告の目的を果たすための有用な会計情報とはどのようなもの
か，すなわち，会計情報に求められる最も重要な特性に関して，以下の項目
があげられています。

- 会計情報が投資家の意思決定に積極的な影響をあたえる特性を有してい
ること
- 会計情報が信頼できること

会計情報とは，投資家が必要とする情報であり，投資家の意思決定に役立
つ情報（投資家が将来の結果を予測するために必要な情報および過去の業績
評価に必要な情報）を意味しています。会計情報が信頼できる要件として，

①一部の関係者の利害だけを偏重することがない会計情報（中立性），②ある事象の会計処理に関し，後日他の者が当該事象の会計処理を検証した場合，同じ結果となるような会計情報（検証可能性），③会計事象を忠実に描写するような会計情報（表現の忠実性）があげられています。

(3) 財務諸表の構成要素

　財務会計の概念フレームワークでは，財務報告が対象とする事象を明確にするため，財務諸表の構成要素を特定しその構成要素を定義しています。すなわち，財務諸表の構成要素として「資産」「負債」「純資産」「株主資本」「包括利益」「純利益」「収益」および「費用」を列挙し定義しています。換言すれば，その定義を満たすものが財務諸表の構成要素としての資格を有することになります。しかしながら，構成要素の定義を満たしたとしても，財務報告の目的に合致しないものは財務諸表においては認識されません。たとえば，資産の定義を満たした項目はすべて自動的に財務諸表において認識されるわけではありません。資産，負債，純資産，株主資本，包括利益，純利益，収益および費用は，以下のように定義されています。

①資産

　資産とは「過去の取引または事象の結果として，報告主体が支配している経済的資源をいう」と定義しています。資産とは，所有権の有無にかかわらず会社が支配している現在の経済的資源であり，経済的資源とは，将来のキャッシュを生み出す源泉を意味しています。

②負債

　負債とは「過去の取引または事象の結果として，報告主体が支配している経済的資源を放棄もしくは引き渡す義務，またはその同等物をいう」と定義しています。負債とは，経済的資源を移転する企業の債務を意味し，債務には法的な債務の他，過去の経験により確立された実務慣行等により企業が外部に対して責務を負うものが含まれます。債務には決算日現在の債務の他，将来の債務も含まれます。

③純資産

純資産には，それ自体の定義はなく資産と負債の差額として純資産が定義されます。

純資産＝資産－負債

最初に，資産及び負債が定義され，そこから純資産の定義が導かれています。すなわち，資産総額のうち負債に該当しない部分はすべて純資産に分類されます。財務会計の概念フレームワークで資産及び負債の定義からはじめるのは，財務諸表の構成要素の定義を確定する作業を容易にするためです。

④株主資本

株主資本とは「純資産のうち報告主体の所有者である株主（連結財務諸表の場合には親会社株主）に帰属する部分をいう」と定義しています。株主資本は株主との直接的な取引および損益取引により発生した純損益のうち，株主に属する部分をいいます。オプション所有者との直接的な取引により発生した部分（新株予約権）および資産の時価評価により生じた評価差額のうち，投資のリスクから解放[3]されていない部分は株主資本から除かれます。

⑤包括利益

包括利益とは「特定期間における純資産の変動額のうち，報告主体の所有者である株主，子会社の少数株主[4]，及び将来それらになり得るオプションの所有者との直接的な取引によらない部分をいう」と定義しています。将来それらになり得るオプションの所有者とは，たとえば，新株予約権の保有者が考えられます。

---

[3] 投資のリスクからの解放とは，投資の成果が不確実な場合に，その成果の実現が事実となれば「投資のリスクからの解放」といいます。投資のリスクから解放された場合は，損益処理され株主資本に含まれます。

[4] 少数株主は，平成25年の「連結財務諸表に関する会計基準」の改正で「非支配株主」に名称が変更されています。

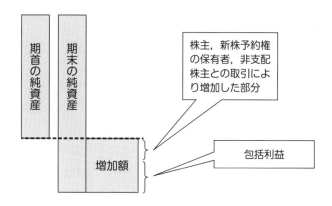

包括利益は純利益とその他の包括利益の合計額ともいえます。

　その他の包括利益は包括利益のうち，当期純利益に含まれない部分をいい，具体的には「その他有価証券評価差額金」「繰延ヘッジ損益」「為替換算調整勘定」「退職給付に係る調整額」があります。すなわち，その他の包括利益は投資のリスクから解放されていない部分をいいます。

　包括利益は連結財務諸表で表示されますが，個別財務諸表では，当面の間，表示されません。

⑥純利益

　純利益とは「特定期間の期末までに生じた純資産の変動額（報告主体の所有者である株主，子会社の少数株主，及び前項にいうオプションの所有者との直接的な取引による部分を除く。）のうち，その期間中にリスクから解放された投資の成果であって，報告主体の所有者に帰属する部分をいう」と定義しています。

⑦収益

収益とは，「純利益または少数株主損益を増加させる項目であり，特定期間の期末までに生じた資産の増加や負債の減少に見合う額のうち，投資のリスクから解放された部分である」と定義しています。収益とは，特定の期間における企業の主たる活動に関連した商品の販売，サービスの提供またはその両方による資産の増加または負債を減少させる部分をいいます。株主からの拠出金，新株予約権の発行による払込金およびその他の包括利益の増加による部分は除かれます。

⑧費用

費用とは，「純利益または少数株主損益を減少させる項目であり，特定期間の期末までに生じた資産の減少や負債の増加に見合う額のうち，投資のリスクから解放された部分である」と定義しています。費用とは，特定の期間における企業の主たる活動に関連した商品の製造・出荷，サービスの提供またはその両方による資産を減少または負債を増加させる部分をいいます。株主への払い戻し，新株予約権の失効およびその他の包括利益の減少による部分は除かれます。

(4) 財務諸表における認識と測定

財務諸表の構成要素としての定義を満たし，財務報告の目的に合致した項目は財務諸表において認識され，その金額を決定する必要があります。認識とは，財務諸表に計上されるタイミングであり，測定とは，その金額を「いくらで」計上するかです。認識は双務契約においてその契約が少なくとも部分的に履行されたタイミングで行われます。たとえば，業務委託契約において，契約締結時では，契約内容の履行は何も果たされていないため認識はされませんが，サービス提供が行われた時点で認識が行われます。ただし，金融商品に関しては，契約の履行が行われなくても財務諸表で認識される場合もあります。たとえば，資産を時価評価する場合は，契約の履行がなくても財務諸表で評価差額が認識される場合があります。測定に関しては各種の基準があり，代表的な測定基準として取得原価と時価があります。

　取得原価とは，取引が発生した時点の価格情報を用いて資産及び負債を測定するものであり，資産取得時の際に支払われた現金又は現金同等物の金額が取得原価であり，負債が発生したまたは引き受けた際に受領した対価の金額が取得原価となります。取引以降の価値の変動は減損の場合を除き，取得原価の金額には反映されません。

　時価とは，算定日において市場参加者間で秩序ある取引が行われると想定した場合の，当該取引における資産の売却によって受け取る価格または負債の移転のために支払う価格をいいます。財務会計の概念フレームワークでは，市場価格という用語が使用されており時価は市場価格を含む概念とされています。現状では，測定基準として時価の概念が広く用いられています。

4. 一般に公正妥当と認められる企業会計の基準

　企業会計の基準は，企業会計の実務において慣習として発達したものの中から，一般に公正妥当と認められたところを要約したもので，かならずしも法律によって強制されるものではありませんが，すべての企業がその会計を処理するにあたって従わなければならない基準です。「一般に公正妥当と認められる企業会計の基準」とは，財務諸表の作成に際し規範となるルールの総称であり「GAAP」と呼ばれます。GAAPとは，「Generally Accepted Accounting Principles」の頭文字を取っています。日本の一般に公正妥当と認められる企業会計の基準とは，1949年に大蔵省企業会計審議会が定めた「企業会計原則」「企業会計原則注解」を中心とし，以後，経済・社会の変化にあわせて同審議会が設定してきた「会計基準」と2001年に民間団体として設立された企業会計基準委員会が公表する「企業会計基準」「企業会計基準適用指針」および日本公認会計士協会の会計制度委員会が公表する「企業会計制度委員会報告」等が該当します。また，国際財務報告基準[5]および一定の要件を充たしている企業は米国の企業会計基準で財務諸表を作成することも

---

5) 注2)（11頁）参照。

日本で認められています。

　会計公準，財務会計の概念フレームワークおよび一般に公正妥当と認められる企業会計の基準の構造は，以下のようになります。

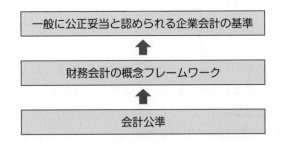

　企業会計審議会が定めた「企業会計原則」は「一般原則」「損益計算書原則」および「貸借対照表原則」とこれらを補足する「注解」によって構成されています。なお，一般原則は，損益計算書原則および貸借対照表原則の上位原則として位置づけられています。一般原則は会計ルールの全般事項を定め，損益計算書原則と貸借対照表原則は，損益項目と貸借対照表項目の認識およびその表示方法の一般的なルールを定めています。

　一般原則は「真実性の原則」を頂点として「正規の簿記の原則」「資本取引・損益取引区分の原則」「明瞭性の原則」「継続性の原則」「保守主義の原則」「単一性の原則」の7つから構成されています。

(1) 真実性の原則

　真実性の原則とは「企業会計は，企業の財政状態及び経営成績に関して，真実の報告を提供するものでなければならない」という原則です。

　真実性の原則の「真実」とは，絶対的な真実ではなく相対的な真実を意味

しています。実務上，企業は自社の実態に合わせ同一の取引や経済的な事象であっても，企業は自身が判断する最適の会計処理を選択するため，異なる会計処理がなされることがあります。異なる会計処理がなされて異なる結果が出たとしても定められた会計処理の方法に従っているかぎり，真実性の原則では，それぞれ真実なものとして認められます。

(2) 正規の簿記の原則

正規の簿記の原則とは「企業会計は，すべての取引につき，正規の簿記の原則に従って，正確な会計帳簿を作成しなければならない」という原則です。

正規の簿記の原則は，会計期間内に発生したすべての取引（網羅性）を実際の取引の事実，請求書や領収書などの証拠に基づいて（検証可能性），秩序だった会計帳簿を作成する（秩序性）ことを要請しているものです。正規の簿記の原則は，適切な帳簿の作成を企業に要請することにより，財務諸表が正確に作成されることを担保する原則です。また，正規の簿記の原則は，上記の網羅性，検証可能性，秩序性を兼ね備えていれば複式簿記のみを要求するものではありません。

(3) 資本取引・損益取引区分の原則

資本取引・損益取引区分の原則とは「資本取引と損益取引とを明瞭に区別し，特に資本剰余金と利益剰余金とを混同してはならない」という原則です。資本取引とは，企業の所有者と直接行われるような取引をいいます。たとえば，株式会社が新株を発行して増資する場合などが資本取引に該当します。損益取引は企業が製品を製造し販売するまたはサービスを提供するなどの通常の営業上の取引などが該当します。資本取引・損益取引区分の原則は，企業の資本（株式会社であれば株主資本）とその資本を活用することによって獲得された経済的な成果（利益）を明確に区別することを要請しています。

(4) 明瞭性の原則

明瞭性の原則とは「企業会計は，財務諸表によって，利害関係者に対し必要な会計事実を明瞭に表示し，企業の状況に関する判断を誤らせないように

しなければならない」という原則です。明瞭性の原則は，多種多様な利害関係者に対して判断を誤らせることがないように明瞭で正確な会計情報を提供することを要請しています。現行の企業会計原則が貸借対照表や損益計算書の項目について，原則として，総額（総額主義の原則）で表示し，適切な名称，区分表示および勘定科目の配列，企業が採用している会計方針について注記を要請するのは，明瞭性の原則によるものです。

(5) 継続性の原則

継続性の原則とは「企業会計は，その処理の原則及び手続を毎期継続して適用し，みだりにこれを変更してはならない」という原則です。継続性の原則は，企業が採用した会計処理および財務諸表の表示方法は毎期継続して採用することを要請する原則です。財務諸表の期間的な比較可能性を確保し，経営者が利益操作目的のため恣意的に会計処理の変更を行うのを抑制することを目的としています。しかし，正当な理由があれば会計処理や方針を変更することを認めています。「正当な理由」とは，原則・法令等による会計規範の変更または，変更に合理的な理由がある場合（財務諸表の利用者に，より有益な情報が提供できる場合等）があります。変更した場合は，変更した旨や理由などを財務諸表に注記する必要があります。

(6) 保守主義の原則

保守主義の原則とは「企業の財政に不利な影響を及ぼす可能性がある場合には，これに備えて適当に健全な会計処理をしなければならない」という原則です。保守主義の原則は，将来発生する可能性がある費用または損失に対して企業の財務的な健全性を確保することを目的としています。ただし，過度の保守主義（財務諸表の目的を阻害するような過度の保守主義）は認められません。実務上では，将来発生する費用や損失に備えて計上する引当金が保守的な会計処理の具体例といえます。

(7) 単一性の原則

単一性の原則とは「株主総会提出のため，信用目的のため，租税目的のた

め等種々の目的のために異なる形式の財務諸表を作成する必要がある場合，それらの内容は，信頼しうる会計記録に基づいて作成されたものであって，政策の考慮のために事実の真実な表示をゆがめてはならない」という原則です。単一性の原則は，いわゆる二重帳簿の作成を排除し，財務諸表の様式は異なっていても，その基礎となる真実な会計帳簿・会計記録は1つであり，正規の簿記の原則によって作成された帳簿等に基づき財務諸表は作成されなければならないとする原則です（実質一元・形式多元といわれています）。

5.　会計と法律

会計に関する主な法律としては，以下のものがあります。

(1)　金融商品取引法

金融商品取引法は，投資家保護および国民経済の健全な発展に資することを目的として，投資判断に必要な経営成績や財政状態の開示の仕方を規定しています。金融商品取引法の規定によって提出される財務諸表の作成や表示について定めた規則である「財務諸表等の用語，様式及び作成方法に関する規則」（財務諸表規則）第一条には，「この規則において定めのない事項については，一般に公正妥当と認められる企業会計の基準に従うものとする」と規定されています。金融商品取引法に基づいて決算を行う企業は，財務諸表規則などを通じて一般に公正妥当と認められる企業会計の基準に従わなければなりません。

(2) 会社法

　会社法は，株主および債権者保護を目的として，すべての会社を対象に会社の財産状態および経営成績の状況を明かにすることを求め，毎決算期において計算書類の作成を要請しています。会社法第431条では「株式会社の会計は，一般に公正妥当と認められる企業会計の慣行に従うものとする」と規定しています。

(3) 法人税法

　法人税法は，課税の公平を基本理念とする税法の規定に基づき，法人の課税所得の算定の仕方を規定しています。その計算手続きは，一般に公正妥当と認められる企業会計の基準に基づいて行われた決算を基に税法特有の調整を行います。また，法人税法22条４項では，「第二項に規定する当該事業年度の収益の額及び前項各号に掲げる額は，別段の定めがあるものを除き，一般に公正妥当と認められる会計処理の基準に従って計算されるものとする」と規定しています。

　企業会計原則は，金融商品取引法，会社法および税法などの法律を通じて法的拘束力を有しているといえます。

第3章 現金預金

1. 現金の範囲と当座預金

(1) 現金の範囲

　現金には，通貨だけでなく，手元にある他人振出小切手，送金為替手形，郵便為替証書，振替預金払出証書，さらに，期限の到来した公社債の利札，株式配当金領収書など，金銭と同一の性質をもつ通貨代用証券も含まれます。

(2) 当座預金

　預金の中で，商取引活動に用いられる預金が当座預金です。当座預金は無利息であるが，手形，小切手の決済のために用いられます。したがって，企業は，銀行との間に当座取引契約を結び，受け取った現金や小切手などは当座預金へ預け入れ，現金の支払いは小切手を振り出すという形式で処理します。たとえば，備品を300,000円で売却し，小切手で代金を受け取った場合の仕訳は，次のようになります。

借方		貸方	
現金	300,000	備品	300,000

　小切手の処理方法のいくつかのケースをまとめていますので参考にしてください。

・小切手を受け取った場合の仕訳

借方		貸方	
現金	×××	○○○	×××

• 受け取っていた小切手で支払った場合の仕訳

借方		貸方	
○○○	×××	現金	×××

• 小切手を直ちに当座預金とした仕訳場合の仕訳

借方		貸方	
当座預金	×××	○○○	×××

• 過去に自社が振り出していた小切手を受け取った場合の仕訳

借方		貸方	
当座預金	×××	○○○	×××

なお，後述しますが，小切手を振り出したときは以下の仕訳がなされます。

借方		貸方	
○○○	×××	当座預金	×××

また，小切手の振出には，特定の銀行の当座預金口座を保有していることが前提となり，当座預金の残高が小切手振出の限度となりますが，企業は，一定の担保を銀行に提供して，一定の限度内で当座預金の残高を超えて小切手を振り出せるように，当座借越の契約を結ぶことができます。当座預金の残高を超えた部分は，実質的に金融機関からの借入となるので，当座借越勘定（負債）の貸方に記入されます。たとえば，20X1年4月12日に商品600,000円を仕入れ，代金は小切手を振り出して支払った。なお，当座預金残高は200,000円であり，500,000円を限度額とする当座借越契約を結んでいる場合の仕訳は，次のようになります。

借方		貸方	
仕入	600,000	当座預金	200,000
		当座借越	400,000

　20X1年4月13日に得意先より売掛金の回収として500,000円の小切手を受取り，当座預金とした場合の仕訳は，次のようになります。

借方		貸方	
当座借越	400,000	売掛金	500,000
当座預金	100,000		

　上記のように当座預金勘定や当座借越勘定という2つの勘定で処理する方法を二勘定制といいます。二勘定制の煩雑さを避け，単一の当座勘定で処理する簡便な方法を一勘定制といいます。一勘定制の場合の処理方法を以下に示します。たとえば，20X1年4月12日に商品600,000円を仕入れ，代金は小切手を振り出して支払った。なお，当座預金残高は200,000円であり，500,000円を限度額とする当座借越契約を結んでいる場合の仕訳は，次のようになります。

借方		貸方	
仕入	600,000	当座預金	600,000

当座勘定を用いる場合もある。

　20X1年4月13日に得意先より売掛金の回収として500,000円の小切手を受取り，当座預金とした場合の仕訳は，次のようになります。

借方		貸方	
当座預金	500,000	売掛金	500,000

当座勘定を用いる場合もある。

2．小口現金

　現金の受払いや保管などに伴う不正や誤りを防止するために，現金の受払いはできるだけ少なくするように努めます。しかし，交通費等の少額の支払いについては，その都度小切手を振り出すことは煩雑で不経済でもあるので，会計課からあらかじめ一定の現金を見積もって用途係（小口現金係り）に渡しておき，当該係が必要の都度その支払いを行う制度がとられます。通常，

会計課があらかじめ用途係に一定期間の必要資金見積額を定額として前渡ししておきます。これを定額資金前渡制度（インプレストシステム）といいます。たとえば20X1年5月2日に当社ではインプレストシステムを採用し，小口現金30,000円の小切手を振り出して小口現金係に前渡した場合の仕訳は，次のようになります。

借方		貸方	
小口現金	30,000	当座預金	30,000

　20X1年5月10日に小口現金係から次のような報告を受けたので直ちに小切手を振り出して補給した。交通費9,000円，通信費20,000円の支払いであった場合の仕訳は，次のようになります。

借方		貸方	
交通費	9,000	当座預金	29,000
通信費	20,000		

3. 現金過不足

　帳簿上の現金残高と実際の現金有高とが食い違う場合，その不一致の原因が明らかでないときには一時的にその差額を現金過不足勘定へ振り替える処理を行います。現金の実際有高が帳簿上の現金残高よりも少ないときは，その不足額を現金過不足勘定の借方に記入します。逆に，現金の実際有高が帳簿上の現金残高よりも多いときは，その過剰額を現金過不足勘定の貸方に記入します。そして，過不足の原因が判明した場合は，該当した勘定へ振り替えます。ただし，原因不明のまま決算日を迎えた場合には，借方に現金過不足勘定の残高があれば，雑損勘定（費用）へ，逆に貸方に現金過不足勘定の残高があれば，雑益勘定（収益）へ振り替えます。たとえば，20X1年12月1日に現金実査をしたところ，帳簿残高よりも1,000円不足していた場合は，次のようになります。

借方		貸方	
現金過不足	1,000	現金	1,000

　そして本日（20X1年12月31日）決算につき，上記の不足額についてその原因を調べたところ，通信費700円の記入漏れが発見されましたが，その他については不明であるため適切に処理した場合の仕訳は，次のようになります。

借方		貸方	
通信費	700	現金過不足	1,000
雑損	300		

　また，20X1年12月1日に現金実査をしたところ，帳簿残高よりも1,000円過剰であった場合は，次のようになります。

借方		貸方	
現金	1,000	現金過不足	1,000

　本日（20X1年12月31日）決算につき，上記の過剰分についてその原因を調べたところ，受取手数料700円の記入漏れを発見したが，その他については不明であるため適切に処理した場合の仕訳は，次のようになります。

借方		貸方	
現金過不足	1,000	受取手数料	700
		雑益	300

4. 銀行勘定調整表

　当座預金は，企業側と銀行側で預入と引出の記帳の時期が異なることがあります。それゆえ，銀行が発行する銀行残高証明書の残高が企業の帳簿上の残高と一致しないことがあります。このような不一致の原因を明らかにし，必要な調整をするために，銀行勘定調整表を作成します。

不一致の原因のとして以下のものがあげられます。

- 銀行勘定調整表での銀行残高側の調整項目（企業側での仕訳が不要の項目）

時間外預入：翌営業日に銀行側が入金処理を行うので，銀行勘定調整表で加算調整します。

未取立小切手：銀行に小切手の取立てを依頼したが，銀行がまだ取り立てていないためにおこる不一致ですので，加算調整します。

未取付小切手：振り出した小切手を相手先が銀行へ呈示して取り立てていないためにおこる不一致（小切手が呈示されれば銀行が出金処理する）ですので，減算調整します。

- 銀行勘定調整表での帳簿残高側の調整項目（企業側での仕訳を要する項目）

未渡小切手：小切手を振り出していたが，相手先に渡していなかった場合の不一致ですので，加算調整します。仕訳は次のようになります。

借方		貸方	
当座預金	×××	買掛金等	×××

入金や振込の未記帳：企業の帳簿上の入金が未記帳になっている場合の不一致ですので，加算調整します。仕訳は次のようになります。

借方		貸方	
当座預金	×××	売掛金等	×××

支払や引落の未記帳：企業の帳簿上の出金が未記帳になっている場合の不一致ですので，減算調整します。仕訳は次のようになります。

借方		貸方	
支払家賃等	×××	当座預金	×××

練習問題　3-1

　決算日（20X1年3月31日）につき以下の資料に基づき，銀行勘定調整表を作成し，必要な修正仕訳をしなさい。なお，当座預金の帳簿残高は517,800円であり，取引銀行の残高証明書の残高は571,400円であった。また摘要欄へは，未取立小切手，未取付小切手，未渡小切手，時間外預け入れ，売掛代金振込未通知，買掛代金決済未通知より選んで記入しなさい。

[資料]

①20X1年3月31日に5,300円を当座預金に預け入れたが，営業時間終了後であった。

②買掛金代金33,000円が当座決済されたが，その通知が未達である。

③掛代金支払いのため振り出した小切手75,900円が銀行側で未出金になっている。

④得意先から掛代金21,000円の振り込みがあったが，その通知が未達である。

⑤買掛金の支払いのため小切手25,000円を振り出して，記帳処理を行っていたが，相手先に渡していなかった。

⑥受け取った小切手30,000円の取立てを銀行に依頼していたが，まだ取り立てられていない。

〈解答〉

銀行勘定調整表
○○年3月31日　　　　　　　　　（単位：円）

	帳簿残高			銀行残高
3月31日現在	517,800		3月31日現在	571,400
加算： 売掛代金振込未通知	21,000	加算：	時間外預け入れ	5,300
未渡小切手	25,000		未取立小切手	30,000
減算： 買掛代金決済未通知	33,000	減算：	未取付小切手	75,900
調整後残高	530,800		調整後残高	530,800

②

借方		貸方	
買掛金	33,000	当座預金	33,000

④

借方		貸方	
当座預金	21,000	売掛金	21,000

⑤

借方		貸方	
当座預金	25,000	買掛金	25,000

練習問題　3-2

〔問1〕次の取引の仕訳を示しなさい。

①備品を300,000円で売却し，小切手で代金を受取った。

②新備品を300,000円で購入し，代金として先に受取っていた小切手を譲渡した。

③機械1,000,000円を売却し，代金はかつて振り出していた小切手で受取った。

④未収金の回収として，郵便為替証書500,000円を受取った。

⑤備品200,000円を売却し，代金は相手方振りだしの小切手で受取り，直ちに当座預金に預け入れた。

〔問2〕次の取引の仕訳を示しなさい。

　小口現金係から次のような報告を受けたので直ちに小切手を振り出して補給した。
電車代6,000円，切手代金3,100円，茶菓子代2,200円

〔問3〕次の取引の仕訳を示しなさい。

　現金の実際有高が帳簿有高より13,900円不足していたため，現金過不足勘定で処理していたが，決算につき，その原因を調査したところ，通信費4,980円，受取手数料2,500円，支払運賃11,000円が記帳漏れとなっていた。原因不明分は適切に処理した。

〔問4〕以下の資料を基に銀行残高調整表を作成しなさい。なお，必要のない欄は空欄にしておくこと。また，加算，減算の下の（　）には，資料の番号を記載しなさい。

［資料］

①銀行の夜間金庫に現金242,000円を預け入れ，記帳処理を行った。

②未渡小切手71,500円がある。

③当座借越の利息2,000円が引き落とされていたが，未通知であった。

④得意先から掛代金77,200が振り込まれていたが，未達である。

⑤掛代金の支払いのために振り出した小切手54,780円が未取り立てである。

銀行残高調整表

Ⅰ　帳簿残高	〔　　　　　〕円	Ⅰ　残高証明書残高	〔　　　213,000〕円
Ⅱ　加算		Ⅱ　加算	
（　　）〔　　　　〕円		（　　）〔　　　　〕円	
（　　）〔　　　　〕円 〔　　　　　〕円		（　　）〔　　　　〕円 〔　　　　　〕円	
Ⅲ　減算		Ⅲ　減算	
（　　）〔　　　　〕円		（　　）〔　　　　〕円	
（　　）〔　　　　〕円 〔　　　　　〕円		（　　）〔　　　　〕円 〔　　　　　〕円	
Ⅳ　修正後残高 〔　　　　　〕円		Ⅳ　修正後残高 〔　　　　　〕円	

銀行残高調整表

Ⅰ　残高証明書残高　　　　〔　　　213,000〕円

Ⅱ　加算

　（　　）〔　　　　〕円

　（　　）〔　　　　〕円

　（　　）〔　　　　〕円

　（　　）〔　　　　〕円　　　〔　　　　　〕円

Ⅲ　減算

　（　　）〔　　　　〕円

　（　　）〔　　　　〕円

　（　　）〔　　　　〕円

　（　　）〔　　　　〕円　　　〔　　　　　〕円

Ⅳ　帳簿残高　　　　　　　〔　　　　　〕円

〈解答〉

〔問1〕

①

借方		貸方	
現金	300,000	備品	300,000

②

借方		貸方	
備品	300,000	現金	300,000

③

借方		貸方	
当座預金	1,000,000	機械	1,000,000

④

借方		貸方	
現金	500,000	未収金	500,000

⑤

借方		貸方	
当座預金	200,000	備品	200,000

問2

借方		貸方	
旅費交通費	6,000	当座預金	11,300
通信費	3,100		
雑費	2,200		

問3

借方		貸方	
支払運賃	11,000	現金過不足	13,900
通信費	4,980	受取手数料	2,500
雑損	420		

銀行残高調整表

Ⅰ	帳簿残高	〔	253,520〕円	Ⅰ	残高証明書残高	〔	213,000〕円
Ⅱ	加算			Ⅱ	加算		
	（②）〔 71,500〕円				（①）〔 242,000〕円		
	（④）〔 77,200〕円	〔	148,700〕円		（－）〔 ──〕円	〔	242,000〕円
Ⅲ	減算			Ⅲ	減算		
	（③）〔 2,000〕円				（⑤）〔 54,780〕円		
	（－）〔 ──〕円	〔	2,000〕円		（－）〔 ──〕円	〔	54,780〕円
Ⅳ	修正後残高	〔	400,220〕円	Ⅳ	修正後残高	〔	400,220〕円

銀行残高調整表

Ⅰ	残高証明書残高	〔	213,000〕円
Ⅱ	加算		
	（①）〔 242,000〕円		
	（③）〔 2,000〕円		
	（－）〔 ──〕円		
	（－）〔 ──〕円	〔	244,000〕円
Ⅲ	減算		
	（②）〔 71,500〕円		
	（④）〔 77,200〕円		
	（⑤）〔 54,780〕円		
	（－）〔 ──〕円	〔	203,480〕円
Ⅳ	帳簿残高	〔	253,520〕円

第4章 棚卸資産

1. 棚卸資産の意義と範囲

　棚卸資産とは，企業の営業目的を達成するために所有し，操業（購買・製造・販売）の過程において短期的に数量的に減少する資産です。そして，棚卸資産は以下のように細分類されます。

(1) 通常の営業過程において販売するために保有される販売資産（商品，製品）

(2) 販売を目的として製造中の資産（仕掛品，半製品）

(3) 販売目的の資産を生産するために短期的に消費される財貨（原材料，工場用消耗品）

(4) 操業過程で短期的に消費される財貨（事務用消耗品，荷造用品）

2. 棚卸資産の取得原価

　購入した棚卸資産は，原則として購入対価に引取費用等の付随費用を加算して取得原価とします。ただし，棚卸資産の取得原価に含められる引取費用，関税，買入事務費，移管費，保管費等の付随費用のうち，重要性の乏しいものについては，取得原価に算入しないことができます。

取得原価＝購入対価＋付随費用

練習問題　4-1

　商品100,000円を仕入れ，引取運賃7,000円をあわせて小切手で支払った。仕訳を示しなさい。

借方		貸方	
仕入	107,000	当座預金	107,000

---

3. 棚卸資産の原価配分（費用配分）

　棚卸資産の取得原価は，当該期間に収益と対応する費用とされる部分（売上原価）と，次期以降へ繰り越されて将来期間の費用となる部分（手元に残った商品：繰越商品原価）に分割されます。このような，資産の取得原価を当期費消分と未費消分とに分割する手続きを原価配分（または費用配分）といいます。この手続きに則って，商品勘定を売上勘定，仕入勘定，繰越商品勘定の３つの勘定に分割する方法を三分法といいます。この方法のもとでは，商品は売上原価と繰越商品に分けられます。ここで，売上原価は次のように算定されます。

売上原価＝期首商品棚卸高＋当期商品仕入高－期末商品棚卸高

　この売上原価は仕入勘定の勘定残高から算出します。

仕入

期首商品棚卸高 （前期末繰越商品）	売上原価
当期仕入高	期末商品棚卸高 （当期末繰越商品）

　上記のように売上原価を算出するための決算整理仕訳は以下のようになります。

借方	貸方
仕入	繰越商品（←前期末繰越商品）
（当期末繰越商品→）繰越商品	仕入

　繰越商品の原価は，原価の流入と流出の差額に相当することになります。しかし，一定期間内において，異なる原価で商品を購入した場合，繰越商品と売り上げた商品とにどの原価を割り当てたらよいかという問題が生じます。それゆえ，棚卸資産の数量を計算することと，その数量に乗ずる単価を算定することが必要となりますので，その手法を説明します。

　まず，棚卸資産の数量を計算する方法には，棚卸計算法と継続記録法という２つの方法があります。

　棚卸計算法とは，棚卸資産の受入数量の記録のみを行い，一定期末に実地棚卸を行って手持数量を調査し，受入数量から実地棚卸数量を差し引くことによって期中払出数量を推定する方法です。棚卸計算法を計算式で表すと以下のようになります。

期首数量＋期中受入数量－実地棚卸数量＝期中払出数量

　他方，継続記録法は棚卸資産の実際受払数量を記録して常に帳簿上の数量を把握する方法です。継続記録法を計算式で表すと以下のようになります。

期首数量＋期中受入数量－期中払出数量＝期末数量

　ただし，継続記録法による場合，あるべき残高数量が常時明らかにされるが，それが，実際の有高と一致するとはかぎらないので，継続記録法に棚卸計算法を併用して，その正確性を確かめる必要があります。また，継続記録法によって把握された棚卸数量と実地棚卸数量を比較することにより紛失・盗難・目減り等の理由による棚卸減耗の数量が計算されます。

　棚卸資産の払出単価を決定する方法として，ここでは，継続記録法による先入先出法と移動平均法を説明します。

(1) 先入先出法

　先入先出法は，先に受け入れた棚卸資産から先に払い出されていくという原価の流れを仮定して，払出単価を決定する方法です。以下は，先入先出法による受払いの記録を示したものです。

商品有高

日付		摘要	受入			払出			残高		
			数量	単価	金額	数量	単価	金額	数量	単価	金額
12	1	繰　越	200	300	60,000				200	300	60,000
	6	仕　入	400	330	132,000				{ 200	300	60,000
									400	330	132,000
	10	売　上				{ 200	300	60,000			0
						200	330	66,000	200	330	66,000
	14	仕　入	200	340	68,000				{ 200	330	66,000
									200	340	68,000
	25	売　上				200	330	66,000	200	340	68,000
	28	仕　入	200	390	78,000				{ 200	340	68,000
									200	390	78,000

　上記の表より，期末棚卸高は146,000円（200個×@340円＋200個×@390円），売上原価は192,000円（＝338,000－146,000）となります。

(2) 移動平均法

　移動平均法とは，棚卸資産の受け入れの都度，その時点での在庫分とあわせて加重平均単価を計算して，これを払出単価とする方法です。以下は，移動平均法による受払いの記録を示したものです。

商品有高

日付		摘要	受入			払出			残高		
			数量	単価	金額	数量	単価	金額	数量	単価	金額
12	1	繰　越	200	300	60,000				200	300	60,000
	6	仕　入	400	330	132,000				600	320	192,000
	10	売　上				400	320	128,000	200	320	64,000
	14	仕　入	200	340	68,000				400	330	132,000
	25	売　上				200	330	66,000	200	330	66,000
	28	仕　入	200	390	78,000				400	360	144,000

　上記の表より，期末棚卸高は144,000円（400個×@360円），売上原価は194,000円（＝338,000－144,000）となります。

4．棚卸資産の期末評価

　先ほど述べたとおり，継続記録法によって把握された帳簿棚卸数量と実地棚卸数量を比較することにより紛失・盗難・目減り等の理由による棚卸減耗の数量が計算されますが，このような数量不足から生じる損失を，棚卸減耗損といいます。この棚卸減耗損は次式のように求められます。

棚卸減耗損＝（帳簿棚卸数量－実地棚卸数量）×購入単価

　たとえば，商品の帳簿上の期末残高は200,000円（数量400個，購入単価500円）であったが，実地棚卸数量は385個しかなかった場合の仕訳は，次のようになります。

借方		貸方	
棚卸減耗損	7,500	繰越商品	7,500

　ここまで述べてきた棚卸減耗損を除く数量が期末に実在する在庫分です。その中には，品質低下，陳腐化，市場需要の変化などの理由により，棚卸資産の時価が原価よりも低下しているものがあります。このような理由による評価の切り下げ額を，棚卸評価損，購入品の場合は商品評価損といいます。この棚卸評価損は次式のように求められます。

棚卸（商品）評価損＝（購入単価－期末時価）×実地棚卸数量

　たとえば，商品（実地棚卸数量385個，購入単価500円）の期末の単位あたりの時価が450円に下落した場合の仕訳は，次のようになります。

借方		貸方	
商品評価損	19,250	繰越商品	19,250

　上記の棚卸減耗損および棚卸（商品）評価損を図示すると以下のようになります。

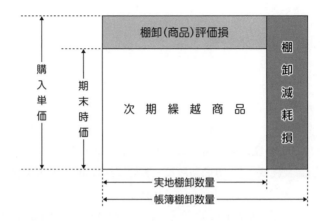

購入単価 / 期末時価 / 棚卸（商品）評価損 / 次期繰越商品 / 棚卸減耗損 / 実地棚卸数量 / 帳簿棚卸数量

練習問題　4-2

以下の資料に基づき，決算に必要と思われる仕訳をしなさい。なお，精算表上，商品の減耗損と評価損はいずれも独立の科目として表示する。

[資料]

期首商品棚卸高　　　　　　　　　450,000円

当期仕入高　　　　　　　　　　1,100,000円

期末商品棚卸高

　帳簿棚卸　　1,500個　　@480円　　720,000円

　実地棚卸　　1,300個　　@450円　　585,000円

〈解答〉

①期首棚卸高の仕入勘定への振替

借方		貸方	
仕入	450,000	繰越商品	450,000

②期末棚卸高の繰越商品勘定への振替

借方		貸方	
繰越商品	720,000	仕入	720,000

③棚卸減耗損と商品評価損の認識

借方		貸方	

棚卸減耗損	96,000	繰越商品	135,000
商品評価損	39,000		

④売上原価の損益勘定への振替

借方		貸方	
損益	830,000	仕入	830,000

⑤棚卸減耗損と商品評価損の損益勘定への振替

借方		貸方	
損益	135,000	棚卸減耗損	96,000
		商品評価損	39,000

第5章 商品売買における債権・債務

1. 収益の認識と測定

これまで収益の認識・測定の基準として，販売という事実を待って，収益を認識し，販売の対価として確定した債権をもって測定する「実現主義」（損益計算書原則三のB）という考え方に立脚して収益を認識・測定していました。また，収益の「実現」は販売されたという事実に基づくので，これは販売基準と呼ばれます。しかし，2021年4月以後に開始する事業年度からは，企業会計基準第29号「収益の認識に関する会計基準」が適用されます。

新しい収益の認識基準では，これまでの「実現」という概念ではなく，企業が契約上の履行義務を充足したときに収益を認識するとしています。それゆえ，約束した財またはサービスの顧客への移転させることで履行義務を充足し，当該財またはサービスと交換に企業が権利を得ると見込む対価の額で描写するように，収益を認識することが基本的な原則となります[6]。

この基本的な原則に従って収益を認識するために，新しい収益の認識基準では，以下の収益を認識するための5つのステップを規定しています。①顧客との契約の識別，②契約における履行義務の識別，③取引価格の算定，④契約における履行義務への取引価格の配分，⑤履行義務を充足した時に（または充足するにつれて）収益を認識するというステップです。

---

[6] 現金の受け払いの時点で収益と費用を認識する考え方が現金主義です。最も確実な収益と費用の認識基準です。しかし，現金主義では，商品を販売しても入金があるまで収益が認識されず，商品の仕入れに関しても，支払いがあるまで費用は認識されません。このような状況では，企業の経営成績を適時に把握できず投資家および経営者の意思決定が遅れることになります。

2. 売掛金と買掛金

　企業において，商品の受け渡し後，一定の期間をあけて，代金の受払いを行う掛け取引（または信用取引）が行われます。売掛金は得意先との継続的な取引によって生じる営業債権を総括的に記録する勘定で，買掛金は仕入先との継続的な取引によって生ずる営業債務を総括的に記録する勘定です。たとえば，A商店はB商店へ商品を売り上げ（B商店はA商店より商品を仕入れ），代金50,000円は掛けとした場合の仕訳は，次のようになります。

A商店

借方		貸方	
売掛金	50,000	売上	50,000

B商店

借方		貸方	
仕入	50,000	買掛金	50,000

3. 手形取引

　手形は，商品の取引代金の決済手段の1つで，法律上は約束手形と為替手形の2種類に区別されます。しかし，簿記上では，手形が債権なのか，それとも債務なのかという観点から，受取手形勘定（資産）と支払手形勘定（負債）とに分類されます。

　約束手形とは振出人（手形の作成者＝支払人）が，名宛人または指図人（手形金額のの受取人）に対して一定の期日（支払日）に，一定の金額を一定の場所で支払うことを約束した証券です。この関係を図示すると以下のようになります。

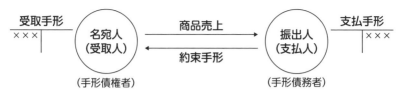

出所：高松・吉田編［1971］108頁のVI-1図を基に作成

　他方，為替手形とは，振出人（手形の作成者）が，名宛人（支払人＝引受人）に対して，名指人またはその指図人（手形金額の受取人）に一定の期日（支払日）に一定の金額を一定の場所で支払うことを委託する証券です。この関係を図示すると以下のようになります。

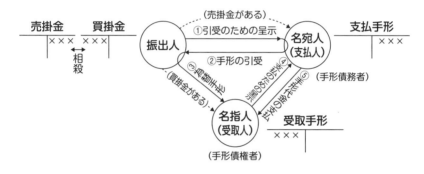

出所：高松・吉田編［1971］109頁のVI-2図を基に作成

　この為替手形の振出人と名宛人を同一にした為替手形を自己宛為替手形といいます。この自己宛為替手形の振出は，結果的には，約束手形の振出と同じになります。また，為替手形には振出人と受取人を同一にした為替手形があり，これを自己指図為替手形または自己受取為替手形といいます。この場合，結果的には，約束手形の受取と同じになります。

　また，手形の所持人は手形の裏面に署名・捺印（これを裏書という）して，手形を第三者へ譲渡することができます。これを裏書譲渡といいます。

　裏書譲渡した場合は，満期日に支払人が手形代金を支払えなかった場合，裏書をして手形を譲渡する人（裏書人）が手形代金を支払う義務を負います。これを遡及義務といいます。このように，現在はまだ現実の債務ではないが，

将来一定の条件が成立したならば発生するかもしれない債務を偶発債務といいます。これは，ここで説明している手形の裏書譲渡のほかに手形の割引や他者の債務を保証した場合の保証債務等に生じます。

　それゆえ，支払いの不履行の確率が高い場合，財政状態へ及ぼす影響も大きいとみなされ，会計上無視できないので，手形の裏書時にはこの偶発債務を時価評価し，保証債務費用と保証債務（負債）を計上します。また，無事に手形が決済された場合は，保証債務の借方に記入し，保証債務取崩益勘定（収益）の貸方へ記入します。たとえば，商品30,000円を仕入れ，代金として以前に受け取っていた手形を裏書譲渡した。なお，保証債務の時価を額面金額の１％と評価した場合の仕訳は，次のようになります。

借方		貸方	
仕入	30,000	受取手形	30,000
保証債務費用	300	保証債務	300

　さらに，手形は支払期日前に，一定の割引料を支払って金融機関に買い取ってもらうことができます。これを手形の割引といい，割引料は手形売却損勘定（費用）で処理します。

割引料＝手形額面金額×割引率

　たとえば，20X1年６月12日に受け取っていた約束手形30,000円（満期日６月30日）を金融機関で割引き，割引料2,190円を差し引かれて，手取金は当座預金とした。なお，保証債務の時価を１％と評価した場合の仕訳は，次のようになります。

20X1年６月12日

借方		貸方	
手形売却損	2,190	受取手形	30,000
当座預金	27,810		
保証債務費用	300	保証債務	300

20X1年6月30日に上記手形が無事に決済された場合の仕訳は，次のようになります。

20X1年6月30日

借方		貸方	
保証債務	300	保証債務取崩益	300

手形の支払人は，手形の支払期日が近づいたときに，資金不足等の理由から，手形所持人の承諾を得て，支払日を延期してもらうことがある。この際に，旧手形と交換に新しい手形を振り出すことになります。これを手形の更改といいます。

たとえば以前にA商会が振り出していた約束手形300,000円について，支払い延期の申し出があり，B商会がこれを承諾したので，期間延期分の利息9,000円を加算した新手形を振り出して新手形と交換した場合，A商会とB商会の仕訳は，次のようになります。

A商会

借方		貸方	
支払手形〈旧〉	300,000	支払手形〈新〉	309,000
支払利息	9,000		

B商会

借方		貸方	
受取手形〈新〉	309,000	受取手形〈旧〉	300,000
		受取利息	9,000

4. 貸倒引当金

売掛金や受取手形等の金銭債権は，そのすべてが確実に回収できるとはかぎりません。このような金銭債権が回収不能となることを貸倒れといいます。貸倒れが生じた場合は，貸倒損失勘定（費用）に借方記入し，該当する金銭

債権の勘定に貸方記入します。ただ，貸倒処理が行われた債権が，後日に回収されることがあります。そのような場合の回収額は償却債権取立益勘定（収益）の貸方に記入します。

たとえば，20X1年3月3日に商品を掛けで販売した商店の業績が悪化し，同店に対する売掛金75,000円が回収不能になった場合の仕訳は，次のようになります。

借方		貸方	
貸倒損失	75,000	売掛金	75,000

今日の企業会計は発生主義に基礎をおいています。これは，現金の収入や支出にかかわりなく，収益と費用をその発生を意味する経済的事実に基づいて計上し，一定期間における利益稼得のために支払われた努力を費用，それによってもたらされた成果を収益として把握し，両者を対応させた差額として期間損益が算定されます。

それゆえ，貸倒れによる損失は，販売促進のための信用取引にともなうコストですので，売上収益に対応する費用と考えられます。また，貸倒れを招来する金銭債権そのものをともなう取引が行われた期間に，貸倒見積額（回収不能額）を費用計上（貸倒引当金繰入勘定の借方に記入）します。

貸倒見積額は債権の金額から直接控除せずに貸倒引当金勘定を設けて，貸倒見積額を貸倒引当金勘定の貸方に記入することにより，間接的に控除します。この貸倒引当金勘定のように，それだけでは独立的意味をもたず，別個に設けられている主たる勘定の金額を控除（相殺）ないし付加するための勘定を評価勘定といいます。

貸倒れの見積りに係る簿記処理には，期末に貸倒引当金の残高がある場合，洗替法と差額補充法の2つがあります。洗替法とは，貸倒引当金戻入勘定の貸方に記入することによって，いったん貸倒引当金の期末残高を取り崩して収益に戻し入れ，あらためて，当期末の貸倒見積額（要引当額）を費用計上するために，貸倒引当金繰入勘定の借方に記入する方法です。他方，差額補充法とは，貸倒引当金の期末残高と要引当額との差額のみを費用計上する方

法です。

たとえば，決算にあたり，売掛金残高240,000円と受取手形の残高260,000円の合計額に対して，2.4％の貸倒れを見積もった。ただし，貸倒引当金の決算整理前残高が7,000円ある場合，洗替法と差額補充法の仕訳は，次のようになります。

要引当額＝（240,000円＋260,000円）×2.4％＝12,000円

〈洗替法の場合〉

借方		貸方	
貸倒引当金	7,000	貸倒引当金戻入	7,000
貸倒引当金繰入	12,000	貸倒引当金	12,000

〈差額補充法の場合〉

借方		貸方	
貸倒引当金繰入	5,000	貸倒引当金	5,000

練習問題　5-1

以下の問題の仕訳を示しなさい。

〔問1〕

A株式会社は，仕入先であるB商店に対する買掛金を，現金で支払う代わりに，得意先であるC商事に対する売掛金をもって弁済するために，得意先を名宛人とし仕入先を受取人とする為替手形1,500,000円を振り出した。なお，3社それぞれの立場から仕訳を示すこと。

〔問2〕

決算（20X1年12月31日）において，売掛金残高500,000円に対して3％の貸倒れを見積もる。なお，貸倒引当金の残高は12,000円であり，差額補充法により処理すること。

20X2年3月28日に得意先が倒産し，同店に対する売掛金17,000円（前期発生分）が貸倒れとなった。

20X2年5月18日に前期に貸倒れとして処理していた売掛金150,000円のうち，50,000円を現金で回収した。

〈解答〉

〔問１〕

A株式会社

借方		貸方	
買掛金	1,500,000	売掛金	1,500,000

C商事

借方		貸方	
買掛金	1,500,000	支払手形	1,500,000

B商店

借方		貸方	
受取手形	1,500,000	売掛金	1,500,000

〔問２〕

20X1年12月31日

借方		貸方	
貸倒引当金繰入	3,000	貸倒引当金	3,000

20X2年３月28日

借方		貸方	
貸倒引当金	15,000	売掛金	17,000
貸倒損失	2,000		

20X2年５月18日

借方		貸方	
現金	50,000	償却債権取立益	50,000

第6章 有価証券

1. 有価証券の意義と範囲

　有価証券とは，広義には，財産的価値のある権利を表す証券や証書を意味し，約束手形や小切手，商品券なども印紙税法上の有価証券を意味します。狭義には，有価証券は金融商品取引法第2条第1項および第2項に定義されています。第2条で定められた代表的な有価証券は国債や地方債，社債，株式，投資信託の受益証券があります。有価証券の会計処理は，主として，企業会計基準第10号「金融商品に関する会計基準」および会計制度委員会報告第14号「金融商品会計に関する実務指針」に規定されています。

2. 有価証券の取得価額

　有価証券の取得価額は購入代価に購入手数料等の付随費用を含めて算定します。

　たとえば，A社の株式1,000株を一株当たり1,000円で購入し，手数料20,000円とともに小切手で支払った場合の有価証券の取得価額と仕訳は，次のようになります。

借方		貸方	
有価証券	1,020,000	当座預金	1,020,000

取得価額：1,000株×@1,000円＋20,000円

3. 有価証券の端数利息

　利付債（定期的に利息が支払われる債券）を売買する際に売渡日がその利付債の利払日と異なる場合に発生する端数利息（端数利息とは前回の利払日から売渡日までの利息）は取得価額に含めず，有価証券利息勘定（費用）で処理します。端数利息の計算は以下のように行います。

　有価証券（利付債）を8月31日に購入しました。この有価証券の利払日は6月30日と12月31日です。

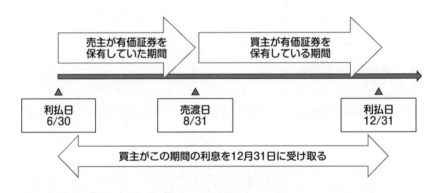

　有価証券の利息は，利払日現在の有価証券（利付債）の所有者がすべての利息を受け取ります。上記の場合には，買主が7月1日から12月31日の6ヶ月間の利息を受け取ることになります。しかし，売主が8月31日まで有価証券を保有していたので，この2ヶ月間（7月1日から8月31日）の利息を受け取る権利は売主にあります。したがって，買主はこの期間の利息を売主に支払うことになります。

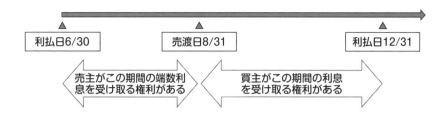

　たとえば，20X1年8月31日に売買目的でA社の社債（額面総額1,000,000
円）を購入し，代金は売買手数料10,000円および端数利息を含めて小切手を
振り出して支払いました。この社債の利率は年3%で利払日は6月末および
12月末である場合，20X1年8月31日の仕訳は，次のようになります。

借方		貸方	
売買目的有価証券	1,010,000	当座預金	1,015,000
有価証券利息	5,000		

社債の取得価額：1,010,000円（1,000,000円（購入代価）＋10,000円（付随費用））
有価証券利息：5,000円（1,000,000円（額面総額）×3%）×2ヶ月間/12ヶ月間）

〈端数利息の計算〉

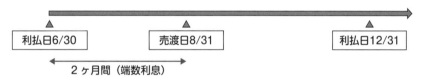

2ヶ月間（端数利息）

[練習問題　6-1]

　6月12日にA社から社債（額面総額：1,000,000円，利率：年4%，利払日：9月末
と3月末）を100円につき98円で買い入れ，代金は端数利息とともに小切手を振り出
して支払った。仕訳を示しなさい。

〈解答〉

借方		貸方	
有価証券	980,000	当座預金	988,000
有価証券利息	8,000		

端数利息：$1,000,000円 \times 4\% \times \dfrac{73日（4月1日から6月12日まで）}{365日} = 8,000円$

4. 有価証券の払出単価

　保有している有価証券を売却した場合，その売却原価を算定して売却損益を認識する必要があります。１つの銘柄を購入し，当該銘柄を売却した場合「売却原価＝取得価額」となりますが，１つの銘柄を何回かに分けて購入し，その一部分を売却した場合には，売却原価を算定する必要があります。売却原価の算定方法には，主として，総平均法または移動平均法があります。

(1) 総平均法

　総平均法は，有価証券を銘柄ごとに区別し，その区分された銘柄について，期首の帳簿価額と当期中に購入した同じ銘柄の有価証券の取得価額の総額との合計額を，当該有価証券の期首の保有数と当期に購入した有価証券の総数との合計数で除して平均単価を算定します。したがって，期中で有価証券を売却した場合は，売却原価の算定は行われません。

　たとえば，当期に売買目的で保有していたＡ有価証券100株を，一株当たり150円で10月１日に売却しました。売却原価の算定は総平均法とする場合，有価証券売却損益は，次のように求められます。

　Ａ有価証券の期首残高，当期中の購入日，株数および取得価額は以下のとおりです。

	株数	取得価額
（期首）Ａ有価証券残高	100株	10,000円
（５月10日）Ａ有価証券取得（１回目）	150株	18,000円
（12月１日）Ａ有価証券取得（２回目）	100株	21,000円
合計	350株	49,000円

　　総平均法の一株当たり単価：140円（49,000円÷350株）
　　有価証券売却益：1,000円（＠150円－＠140円）×100株

(2) 移動平均法

　移動平均法は，有価証券を銘柄ごとに区別し，区分された銘柄について，購入する都度，その同じ銘柄の有価証券の購入直前の帳簿価額と購入した同じ銘柄の有価証券の取得価額との合計額を当該有価証券の購入後の保有総数で除して平均単価を算定します。

　上記の例と同一の取引において，売却原価を移動平均法で算定すれば，証券売却損益は，次のように求められます。

　　　移動平均法の一株当たり単価：112円（10,000円＋18,000円）÷（100株＋150株）

　　　有価証券売却益：3,800円（＠150円－＠112円）×100株

練習問題　6-2

　前期に購入していたA株式会社の株式10,000株（7,000株は1株につき350円　3,000株は1株につき450円で購入）のうち5,000株を1株につき460円で当期に売却し，代金は月末に受け取ることにした。なお，株式の売却原価は総平均法によるものとする。仕訳を示しなさい。

〈解答〉

借方		貸方	
未収入金	2,300,000	有価証券	1,900,000
		有価証券売却益	400,000

$$一株当たり単価：380円 = \frac{7,000株×＠350円＋3,000株×＠450円}{7,000株＋3,000株}$$

　有価証券売却益：400,000円（＠460円－＠380円）×5,000株

5. 有価証券の期末評価

　有価証券の期末評価は，本来は時価評価を基本としますが，有価証券の属性およびその保有目的が異なるためすべての有価証券を時価評価することは，投資家の判断を誤らせることにもなりかねません。そのため，有価証券の保

有目的に応じた会計処理が規定されています。有価証券は，その保有する目的に応じて，以下のように分類され会計処理が行われます。

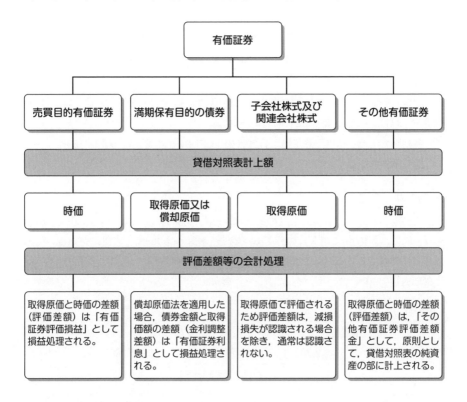

(1) 売買目的有価証券

　売買目的有価証券とは，時価の変動により利益を得ることを目的として保有する有価証券のことをいいます。すなわち，短期間の価格変動を利用して利益を得ることを目的として保有する有価証券のことです。有価証券を売買目的有価証券として分類するためには，企業内に有価証券のトレーディング部署等の独立した部署を設け外観的な状況ができていることが望ましいと考えられます。売買目的有価証券は「時価をもって貸借対照表価額とし，評価差額は当期の損益として処理する」とされています。投資家にとっては売買

目的有価証券の決算日の時価が有用な会計情報であり，時価の変動は投資の成果としてすでに実現していると考えられためです。

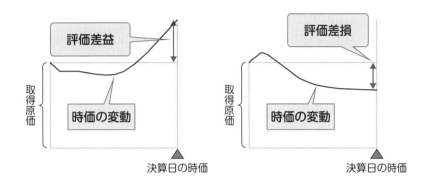

たとえば，当期に取得したＡ株式（売買目的有価証券）取得価額5,000円の決算日における時価は5,200円であった場合，決算日の仕訳は次のようになります。

借方		貸方	
有価証券 （または売買目的有価証券）	200	有価証券評価益	200

決算日に計上した評価差額の翌期首における取り扱いについては，切放法と洗替法との２つの処理法があります。

①切放法
前期末に計上した評価差額について，その翌期首に振戻仕訳（逆仕訳）を行わない方法です。したがって，翌期首の有価証券の帳簿価額は評価替後の金額で引き継がれます。

②洗替法
前期末に計上した評価差額について，その翌期首に振戻仕訳を行う方法です。この方法では翌期首の有価証券の帳簿価額は評価替前の金額に戻ります。

上記の例の場合，洗替法では，翌期首に以下の仕訳が行われます。

借方		貸方	
有価証券評価益	200	有価証券 （または売買目的有価証券）	200

(2) 満期保有目的の債券

　満期保有目的の債券は，その属性において①あらかじめ償還日が定められていること，②償還日において債券金額による償還が予定されていることがあげられます。満期保有目的の債券として分類するためには，償還期限まで所有するという積極的な意思と，その能力に基づいて保有することが要件になります。保有期間を決めないで長期間保有するという漠然とした意図で保有する，または市場金利や為替相場の変動等の将来の不確定要因の発生いかんによって売却が予測される場合には，満期まで所有する積極的な意思があるとは認められません。また，資金繰り計画等の財務状況からみて，継続して保有することが困難と判断される場合には，満期まで所有する能力があるとはいえません。なお，満期まで所有する意図は取得時点において判断すべきものであり，いったん，他の保有目的で取得した債券について，その後保有目的を変更して満期保有目的の債券に分類することは認められません。また，償還期限前の売却も禁じています。ただし，債券の保有を継続することにより損失または不利益が生じる場合は売却が認められます。

　満期保有目的の債券は「取得原価をもって貸借対照表価額とする。ただし，債券を債券金額より低い価額又は高い価額で取得した場合において，取得価額と債券金額との差額の性格が金利の調整と認められるときは，償却原価法に基づいて算定された価額をもって貸借対照表価額としなければならない」とされています。

　満期保有目的の債券も株式と同じように価格変動リスクにさらされていますが，満期まで保有することを目的として利払日の約定利息および満期日に元本を受け取ることができるため，財務諸表において価格変動リスクを認識する必要がありません。したがって，満期保有目的の債券として分類するた

めの要件は前述のように厳密に定められています。

　償却原価法とは，取得差額（取得価額と債券金額が異なる場合の差額）を利益（損失）として償還時に一度に計上せず，取得差額のうち，金利の調整と認められる部分（金利調整差額）を取得日から償還日まで毎期一定の方法で債券の帳簿価額に加減算する会計処理です。一定の方法には，利息法（原則）と定額法があります。利息法とは，債券のクーポン受取総額と金利調整差額との合計額が債券の帳簿価額に対し一定率（実効利子率といいます。）となるように，複利をもって各期に損益を配分する方法をいいます。言い換えれば，債券の帳簿価額に実効利子率を乗じた価額を利息配分額として各期の損益に配分する方法です。利息法は，リース会計で説明している利息法と同様の方法で会計処理が行われます。

　定額法とは，金利調整差額を取得日から償還日まで毎期同額を純損益に配分し，その配分額を債券の帳簿価額に加減算する方法です。

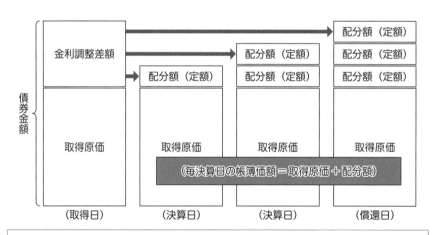

金利調整がどうして行われるのか：
金利の調整が行われるのは，たとえば，市場の利子率が2.5%の場合で，社債の利子率が２％の場合，社債を購入してもらうために，市場と社債の利子率の差を調整し，本来の債券金額より低い金額で発行（割引発行）することで，その金利の不利をカバーすることができます。この差額を金利調整差額といいます。また，この金利調整差額の支払いは，社債の償還日に行われるためキャッシュ・フローの観点からも企業の負担が軽減されます。

たとえば，20X1年4月1日にA社の社債（債券金額1,000,000円，償還日20X4年3月31日）を額面100円につき94円で購入し，代金は小切手を振り出して支払った。この社債は満期まで保有する目的で購入したため満期保有目的の債券として分類した。当社の決算日は3月31日，取得原価と債券金額との差額は金利調整差額と認められ償却原価法（定額法）を適用する場合，20X2年3月31日の仕訳は次のようになります。

20X2年3月31日の仕訳

借方		貸方	
満期保有目的の債券	20,000	有価証券利息	20,000

金利調整差額：60,000円（1,000,000円－940,000円）を償還日にわたり3年間で均等額を帳簿価額に加算します。
各年度の配分額：20,000円（60,000円÷3年）

			配分額（20,000）
		配分額（20,000）	配分額（20,000）
	配分額（20,000）	配分額（20,000）	配分額（20,000）
取得原価 (940,000) （取得日）	取得原価 (940,000) (20X2/3/31)	取得原価 (940,000) (20X3/3/31)	取得原価 (940,000) （償還日）

（帳簿価額：940,000）　（帳簿価額：960,000）　（帳簿価額：980,000）　（帳簿価額：1,000,000）

(3) 子会社株式及び関連会社株式

　子会社株式及び関連会社株式とは，会社が子会社や関連会社の株式を保有している場合の当該株式のことをいいます。
　子会社とは「会社がその総株主の議決権の過半数を有する株式会社その他の当該会社がその経営を支配している法人として法務省令で定めるものをいう」（会社法第2条第3号）と定義されています。支配しているとは，以下のような状況をいいます。
　• 会社が他社の議決権の50％超を所有している場合
　• 会社が他社の議決権の40％以上％50％以下を所有している場合であって，かつ，一定の条件に該当する場合

- 会社および特定の者が有する議決権を合算し，合計が他社の議決権の50％超を所有している場合であって，かつ，一定の条件に該当する場合

関連会社とは，「会社等及び当該会社等の子会社が，出資，人事，技術，取引等の関係を通じて，子会社以外の他の会社等の財務及び営業又は事業の方針の決定に対して重要な影響を与えることができる場合における当該子会社以外の他の会社等をいう」（財務諸表規則第8条第5項）と定義されています。重要な影響を与えることができる場合とは，以下のことをいいます。

- 会社が他社の議決権の20％以上を所有している場合
- 会社が他社の議決権の15％以上20％未満を所有している場合であって，かつ，一定の条件に該当する場合
- 会社および特定の者が有する議決権を合算し，合計が他社の議決権の20％以上を所有している場合であって，かつ，一定の条件に該当する場合

子会社株式及び関連会社株式は「取得原価をもって貸借対照表とする」とされています。子会社株式及び関連会社株式の保有目的が他企業の支配および影響力の行使であるため，時価の変動を財務活動の成果とは考えないからです。

(4) その他有価証券

その他有価証券とは，売買目的有価証券，満期保有目的の債券，子会社株式及び関連会社株式のいずれにも該当しない有価証券をいいます。その他有価証券は，市場動向によって売却を想定している有価証券や業務提携等の目的で保有する有価証券が含まれ，長期的には売却することにより利益を得ることが想定されます。その他有価証券は「時価をもって貸借対照表価額とし，評価差額は洗い替え方式に基づき，次のいずれかの方法により処理する」とされています。

(1) 評価差額の合計額を純資産の部に計上する。（全部純資産直入法）＊

　＊原則として，全部純資産直入法が適用されます。

(2) 時価が取得原価を上回る銘柄に係る評価差額は純資産の部に計上し，時価が取得原価を下回る銘柄に係る評価差額は当期の損失として処理する。（部分純資産直入法）*

*部分純資産直入法は継続適用を条件として，認められています。

　その他有価証券の時価は投資者にとって有用な投資情報と考えることもできますが，その他有価証券には，経営戦略上等の必要性から直ちに売買・換金をすることには一定の制約をともなう要素もあり，評価差額を直ちに当期の損益として処理することは適切ではないと考えられます。そのため評価差額は当期の損益として処理するのではなく，純資産の部に「その他有価証券評価差額金」の勘定科目で計上されます。しかし，企業会計の保守主義の観点から，時価が取得原価を上回る銘柄の評価差額（評価差益）は純資産の部に計上し，時価が取得原価を下回る銘柄の評価差額（評価差損）は損益計算書に計上する方法も認められます。その他有価証券の取得差額が金利調整差額と認められる債券には，償却原価法を適用したうえで時価と償却原価との差額を評価差額として処理します。

　たとえば，当期にA社の株式を20,000円で購入し，その他有価証券として分類した。当期末の時価は18,000円，翌期末の時価は21,000円であった場合，全部純資産直入法と部分純資産直入法で当期末，翌期首及び翌期末の仕訳は，以下のようになります。

〈全部純資産直入法〉

	借方		貸方	
当期末	その他有価証券評価差額金	2,000	その他有価証券	2,000
翌期首	その他有価証券	2,000	その他有価証券評価差額金	2,000
翌期末	その他有価証券	1,000	その他有価証券評価差額金	1,000

〈部分純資産直入法〉

	借方		貸方	
当期末	その他有価証券評価損	2,000	その他有価証券	2,000
翌期首	その他有価証券	2,000	その他有価証券評価損	2,000
翌期末	その他有価証券	1,000	その他有価証券評価差額金	1,000

6. 有価証券の減損処理

　有価証券は，売買目的有価証券以外は，取得原価，時価または償却原価により評価されます。有価証券の減損処理とは，保有している有価証券の時価または実質価額が著しく下落した場合で，回復の可能性があると認められない場合，その帳簿価額を決算日の時価または実質価額まで強制的に切下げ，切下げた金額を損益計算書において損失として認識する方法です。減損処理後の帳簿価額が新たな貸借対照表価額となるため翌期首には洗替処理は行われません。

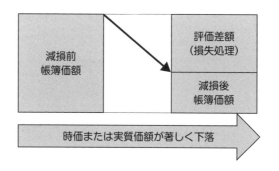

　有価証券の減損は「時価のある有価証券」と「市場価格のない株式等」に分けて考えます。

(1) 時価のある有価証券

　売買目的有価証券以外の有価証券のうち，「時価のあるものについては時価が著しく下落したときは，回復する見込みがあると認められる場合を除き，当該時価をもって貸借対照表価額とし，評価差額を当期の損失として処理しなければならない」とされています。金融商品会計基準では，時価の下落率が50％程度以上下落したかどうか，下落率がおおむね30％未満であるかどうか，回復の可能性の有無に応じて減損処理の指針を示しています。時価の下落率が50％程度以上の場合は「著しく下落した」に該当し，50％未満の場合

は，各企業が「著しく下落した」に該当する場合の有価証券に関する社内基準を設けて判断することになります。なお，金融商品会計基準では，時価の下落率が30％未満の場合は「著しく下落した」に該当しないとしています。この指針を整理すれば以下のようにまとめられます。

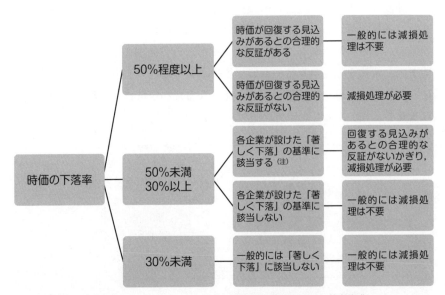

出所：EY新日本有限責任監査法人ホームページ「有価証券の減損」をもとに筆者作成
(注)各企業が，策定する時価が「著しく下落した」に係る社内基準の例として「個々の銘柄の時価の下落率が30％以上50％以下の場合で，その下落率が過去2年間連続している場合又は当該銘柄の発行会社が債務超過の場合には「著しく下落」に該当する等」が考えられます。

(2) 市場価格のない株式等

市場価格のない株式等は，「発行会社の財政状態の悪化により実質価額が著しく低下したときは，相当の減額を行い，評価差額は当期の損失として処理（減損処理）しなければならない」とされています。「実質価額が著しく低下した」とは，状況に応じて判断することになりますが，金融商品会計に関する実務指針では，実質価額が「著しく低下したとき」とは，少なくとも株式の実質価額が取得原価に比べて50％程度以上低下した場合をいいます。実質価格とは，一般に公正妥当と認められる会計基準に準拠して作成した貸

借対照表を基礎として，資産等の時価評価を加味した純資産を発行済株式総数で除して一株当たりの株価を算出し，その株価に自社が保有する持株数を乗じて算定します。

この指針を整理すれば以下のようにまとめられます。

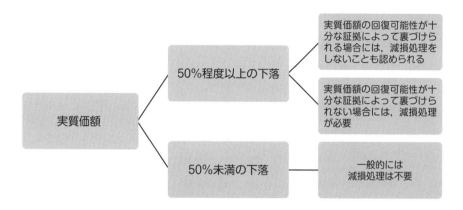

練習問題　6-3

次の〔資料〕に基づき，当社が保有する有価証券について当期末の貸借対照表価額を算定しなさい。

〔資料〕

当期末において当社が保有する有価証券の内訳は，次のとおりである。

(単位：千円)

内訳	種類	決算整理前帳簿価額	償却原価	時価
A社	売買目的有価証券	1,200		1,300
B社	満期保有目的の債券	4,000	4,500	4,800
C社	その他有価証券	3,000		2,800
D社	子会社株式	3,000		―

B社の債券は，その取得価額と債券金額との間に差があるが当該差額の性格は金利の調整と認められる。

D社の株式は，市場価格のない株式であり，当社は発行済株式総数の60%を保有している。D社の純資産は2,000千円で回復する見込みは不明である。

〈解答〉

貸借対照表価額：9,800千円（A社1,300千円 + B社4,500千円 + C社2,800千円

+ D社1,200千円）

D社の実質価額：1,200千円（2,000千円×60％）

7．有価証券の表示

　売買目的有価証券，満期保有目的の債券，子会社株式及び関連会社株式およびその他有価証券の貸借対照表の表示区分と表示科目は以下のとおりになります。

分類	表示区分	表示科目
売買目的有価証券	流動資産	有価証券
満期保有目的の債券 （1年以内に満期が到来する）	流動資産	有価証券
満期保有目的の債券 （1年を超えて満期が到来する）	投資その他の資産	投資有価証券
子会社株式及び関連会社株式	投資その他の資産	関係会社株式
その他有価証券 （1年以内に満期が到来する債券）	流動資産	有価証券
その他有価証券 （上記以外）	投資その他の資産	投資有価証券

第7章 有形固定資産

1. 有形固定資産の意義と範囲

　有形固定資産とは，形のある固定資産でその全体をもって企業活動に利用される資産をいいます。有形固定資産には，建物や機械のように時間の経過や使用に応じて価値が減少する資産（償却資産），石油や鉱山のように採取していくことで量が減少する資産（減耗性資産）および土地や骨董品のように時間の経過や使用によっては価値が減少しない資産（非償却資産）があります。有形固定資産は将来のキャッツュ・フローを生み出す重要な資産であり，有形固定資産に対する投資は経営上の重要な判断が必要になります。電力事業，鉄道事業では，貸借対照表において大きな割合を占めています。有形固定資産は以下のような特徴を有しています。

- 事業に使用されている。
- 投資・再販売目的ではない。
- 物理的な形態をもつ。
- 1年を超えて長期にわたり利用される。
- 将来の利益に貢献する。

　有形固定資産には，建物や機械装置などについて完成まで長期間の工事が必要な場合があります。このような場合，工事の完成までに代金の一部を支払うことがあり，この支払額を一時的に処理する勘定科目を「建設仮勘定」といいます。工事が完成して引き渡しを受けた時点で建設仮勘定から本勘定である「建物」または「機械装置」勘定に振り替えます。建設仮勘定は工事が完成しておらず事業に供されていないため減価償却の計算は行われません。

2. 有形固定資産の取得価額

　有形固定資産の取得形態として，購入，自家建設，現物出資，交換および贈与があります。

(1) 購入の場合

　有形固定資産の購入の場合の取得価額は次のように算定されます。

取得価額＝購入代金＋付随費用－値引・割戻＋資産除去債務
（該当する場合）

　付随費用には，買入手数料，運送費，据付費，試運転費などがあり，有形固定資産を事業で使用できる状態にするまでに要した費用が含まれます。購入に際して値引や割戻を受けた場合は購入代金から控除されます。また，正当な理由がある場合には，付随費用の一部または全部を取得価額に加算しないことができます（資産除去債務については，本章7.を参照）。

(2) 自家建設の場合

　有形固定資産を自家建設した場合の取得価額は次のように算定されます。

取得価額＝適正な原価計算基準に基づき計算された金額

　建物等を自社で建設した場合には，材料費，労務費，経費を適正な原価計算基準で計算し取得価額を算定します。建設資金を借入れた場合に発生する支払利息は，原則として，取得価額には含めず発生した期間の費用とします。ただし，有形固定資産の稼働前の期間に属する利息の場合，例外的に，支払利息を取得価額に算入することも認められます。

(3) 現物出資の場合

　現物出資とは，企業が発行した株式に対して，株主が金銭以外の財産をもって出資することをいい，金銭的価値がある動産・不動産・無形固定資産等

が対象となります。株主から有形固定資産を現物出資された場合の取得価額は次のように算定されます。

$$取得価額＝交付株式数×発行価額$$

当該株主に交付した株式数に発行価額を乗じた金額が取得価額となりますが，交付株式数は受入資産の公正な評価（たとえば，時価）を基準として決定されるため，その受入資産の評価に関して法律上の規制があります。

(4) 交換の場合

自己所有の有形固定資産と交換に他社の有形固定資産を取得した場合の取得価額は次のように算定されます（同種資産の交換）。

$$取得価額＝交換に供された自己資産の適正な帳簿価額$$

自社の有形固定資産と他社の有形固定資産を交換した場合，取得価額に関しいくつかの考え方があります。
　①交換に供された自己資産の適正な帳簿価額
　②交換に供された自己資産の公正な時価
　③交換により受け入れた資産の公正な時価

本来は，有形固定資産は将来のキャッシュ・フローを生み出す資産であるため，将来の収益と対応させるという観点からは②または③（どちらか合理的に算定できる価額）が理論的と考えられます。しかし，日本の会計基準は，交換により生じる損益（時価と帳簿価額の差）は金銭の裏づけがない等の理由から①を採用しています。

自己所有の株式ないし社債等と有形固定資産を交換した場合の取得価額は次のように算定されます（異種資産の交換）。

$$取得価額＝当該有価証券の時価または適正な帳簿価額$$

(5) 贈与の場合

有形固定資産を贈与された場合の取得価額は次のように算定されます。

取得価額＝贈与された有形固定資産の時価等を基準として公正に評価した額

(6) 圧縮記帳

有形固定資産を取得する際に，国または地方自治体から補助金等の交付を受けた場合，当該補助金を取得価額から直接減額することができ，減額後の金額が取得価額となります。この会計処理を「圧縮記帳」といいます。圧縮記帳とは税法上の規定であり，交付された補助金等を受贈益として収益認識し，同額をその取得価額から減額（圧縮）する会計処理です。減額する金額を圧縮損として計上し，受贈益に係る収益と圧縮損が相殺され，補助金の受入れ事業年度の税負担が軽減されます。圧縮記帳された年度は圧縮損により課税所得が減額されますが，その後の事業年度では圧縮記帳により取得価額が減額された結果，圧縮記帳を行わない場合の減価償却費と比べて減価償却費が減少し，課税所得が押し上げられることになります。つまり，圧縮記帳は課税の繰り延べに過ぎず，免税制度ではありません。

練習問題　7-1

以下の取引について仕訳を示しなさい。

(1) 機械装置20,000円を購入し1,000円の値引きを受けた。代金は小切手を振り出し支払った。なお，引取運賃2,000円を現金で支払った。

(2) 建設中の建物が完成し，残りの代金200,000円は小切手を振り出して支払った。この建物に関し前期に100,000円の支払が行われ建設仮勘定で計上している。

(3) 当社所有の機械（帳簿価額30,000円，時価35,000円）を他社所有の備品と交換した。

(4) 当社所有の有価証券（帳簿価額20,000円，時価25,000円，売買目的有価証券）と土地（時価25,000円）を交換した。

(5) 土地の贈与を受けた。土地の時価は100,000円であった。

(6) 当社は国から国庫補助金200,000円を現金で受け取り国庫補助金の対象になっている備品500,000円を購入し小切手を振り出して支払った。なお，圧縮記帳は直接減額方式によること。

〈解答〉

	借方		貸方	
(1)	機械装置	21,000	当座預金	19,000
			現金	2,000
(2)	建物	300,000	建設仮勘定	100,000
			当座預金	200,000
(3)	備品	30,000	機械	30,000
(4)	土地(注)	25,000	有価証券	20,000
			有価証券売却益	5,000
(5)	土地	100,000	固定資産受贈益	100,000
(6)	現金	200,000	国庫補助金受贈益	200,000
	備品	500,000	当座預金	500,000
	固定資産圧縮損	200,000	備品	200,000

（注）売買目的有価証券のため適正な帳簿価額は時価と同じ25,000円と考えます。

3．減価償却

　減価償却とは，償却資産の使用によって期待される便益の期間にわたり資産の取得価額を規則的・合理的な方法で費用として配分する手続です。すなわち，有形固定資産は利益獲得のために使用される反面，使用および時間の経過とともに価値が減少します。また，技術革新や市場環境の変化によっても価値が減少します。減価償却の目的は，配分された費用と獲得した収益とを対応させ，毎期の損益計算を適正に行うことにあります。

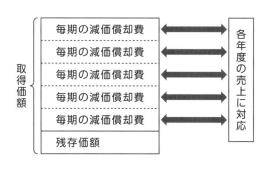

減価償却費は製品製造に係る部分は製造費用として処理され，それ以外の場合は販売費及び一般管理費として処理されます。

減価償却費を計算するためには以下の情報が必要になります。

- 取得価額
- 残存価額
- 耐用年数（または見積総利用可能量）

取得価額は前述のように取得形態に応じて算定された価額です。

残存価額は資産の利用可能期間の経過後の価値を意味し，その時点の売却価格またはスクラップの価値等から解体費用・撤去費用等を控除した金額で見積りにより算定されます。

耐用年数は固定資産の経済的な寿命を意味し，資産の使用可能期間または利用可能総量（たとえば，自動車等の車両運搬具の場合は見積総走行距離）を見積る必要があります。

減価償却費を算定する方法（減価償却方法）は，以下の方法があります。

〈期間を配分基準とする方法〉

(1) 定額法

(2) 定率法

(3) 級数法（税法上は認められていません）

〈利用量（生産高）を配分基準とする方法〉

(4) 生産高比例法

減価償却方法は，有形固定資産の価値が減少するパターンを反映した方法が選択されます。したがって，価値の減少が同じパターンの資産には同一の減価償却方法が採用されます。

(1) 定額法

定額法とは，資産の耐用年数にわたり毎期均等額の減価償却費を算定する方法です。定額法はその資産の時間的な側面を考慮した方法で，その算定方法が簡単であるため多く採用されています。

$$減価償却費＝\frac{取得価額－残存価額}{耐用年数}$$

　減価償却の記帳方法は「間接法」と「直接法」の２種類があります。間接法は，費用項目である減価償却費（借方）と評価勘定である減価償却累計額（貸方）で記帳する方法であり，仕訳は，次のようになります。

借方		貸方	
減価償却費	×××	減価償却累計額	×××

　減価償却累計額は，減価償却費の累計額であり，取得原価から減価償却累計額を控除した金額が帳簿価額となります。

　直接法は減価償却費を有形固定資産から直接控除する方法であり，仕訳は，次のようになります。

借方		貸方	
減価償却費	×××	有形固定資産	×××

(2) 定率法

　定率法とは，償却率を使用する方法で，資産の耐用年数にわたり期首の未償却残高（帳簿価額）に一定率を乗じて減価償却費を算定する方法です。

減価償却費＝未償却残高(取得価額－減価償却累計額)×償却率

　平成23年税制改正によって，平成24年４月１日以降に取得した固定資産に定率法を採用する場合は，税法上は200％定率法が適用されます。200％定率法は，償却率が定額法の「償却率の200％」に設定されているため，このように呼ばれています。つまり，耐用年数が４年であれば，1/4（0.25）の２倍（0.5），耐用年数が５年であれば1/5（0.2）に２倍（0.4）を使用して，定率法で減価償却を行います。計算式は次のようになります。

減価償却費＝期首帳簿価額×200％定率法の償却率

たとえば，取得価額100万円，耐用年数５年の固定資産を，200％定率法で減価償却する場合の計算例は次のようになります。償却率は40％（1÷5×200％）となります。

取得価額 (1,000,000)	減価償却費	帳簿価額
1年目	400,000	600,000
2年目	240,000	360,000
3年目	144,000	216,000
4年目	86,400	129,600
5年目	51,840	77,760

　200％定率法は，残存価額をゼロとする償却方法ですが，上記の例では，耐用年数経過後において，帳簿価額が77,760円残り，残存価額がゼロになりません。ここで，「償却保証額」「保証率」「改定償却率」が使用されます。
　「償却保証額」とは，減価償却費の最低金額を意味し，200％定率法の減価償却費が償却保証額を下回った場合には，償却保証額を減価償却費の金額とするものです。償却保証額は，次の算式で求められます。

償却保証額＝取得価額×保証率

　「改定償却率」とは，200％定率法で計算した減価償却費が償却保証額を下回った場合には，それ以降の減価償却費は改定償却率を使用して行われます。
　減価償却費＜償却保証額の場合

それ以降の減価償却費＝改定取得価額×改定償却率

　上記の場合（耐用年数５）の保証率は0.10800，改定償却率は50％ですので，償却計算は，次にようになります。
　最低保証額は108,000円（1,000,000円×0.10800）

取得原価 (1,000,000)	減価償却費	帳簿価額
1年目	400,000	600,000
2年目	240,000	360,000
3年目	144,000	216,000
4年目	108,000	108,000
5年目	108,000	0

200％定率法では4年目に減価償却費が償却保証額を下回ったため216,000円が改定取得価額となり，改定償却率(50％)により減価償却が行われます。

　減価償却費の金額は，上記の数値を使用して記帳されます。

(3) 級数法

　級数法とは，固定資産の耐用年数に基づいて計算した算術級数によって減価償却費を計算する方法です。たとえば，耐用年数が5年の場合，分母は15（5＋4＋3＋2＋1）とし，分子は残存耐用年数を使用します。1年度は（5/15），2年度は（4/15），3年度は（3/15），4年度は（2/15），5年度は（1/15）を乗じて減価償却費を算定します。

$$減価償却費＝(取得価額－残存価額)×5/15　（1年度）$$
$$×4/15　（2年度）$$
$$×3/15　（3年度）$$
$$×2/15　（4年度）$$
$$×1/15　（5年度）$$

(4) 生産高比例法

生産高比例法とは，資産の利用度に応じて減価償却費を算定する方法です。

$$減価償却費＝(取得価額－残存価額)×\frac{当期の実績利用量}{見積総利用可能量}$$

練習問題　7-2

以下の有形固定資産について，当期の減価償却費を計算し仕訳を示しなさい。記帳方法は間接法とする。建物は定額法，備品は定率法，車両運搬具は生産高比例法とする。

建物：取得価額100,000円，期首減価償却累計額45,000円，
　　　　残存価額は取得価額の10％，耐用年数20年

備品：取得価額5,000円，期首減価償却累計額1,800円，償却率20％

車両運搬具：取得価額2,000円，残存価額は取得価額の10％，
　　　　　　総見積走行可能距離100,000km，当期走行距離30,000km

〈解答〉

建物

借方		貸方	
減価償却費	4,500	減価償却累計額	4,500

建物の減価償却費：4,500円（(100,000円−10,000円)÷20年）

備品

借方		貸方	
減価償却費	640	減価償却累計額	640

備品の減価償却費：640円（(5,000円−1,800円)×20％）

車両運搬具

借方		貸方	
減価償却費	540	減価償却累計額	540

車両運搬具の減価償却費：540円（(2,000円−200円)÷100,000ｋｍ×30,000km）

(5) 取替法

　取替法とは，同種の資産が多数集まって全体として機能する場合，通常使用に耐えられなくなった部分の取替を繰り返すことにより全体が維持されるような有形固定資産について，部分的取替の支出を取替費（費用）として処理する方法です。鉄道のレールや枕木がその具体例です。規模の拡張もしくは増強のための取替の支出は，部分的取替ではないため取替法は適用できません。取替法は当初の資産購入時は有形固定資産として計上し，後日に行われる資産の部分的な取替の支出は取替費として処理されます。仕訳は，次のようになります。

資産購入時

借方		貸方	
有形固定資産	×××	現金等	×××

取替時

借方		貸方	
取替費	×××	現金等	×××

4. 資本的支出と収益的支出

　建物等の有形固定資産は，その取得後，定期的に修繕または改良が行われます。有形固定資産の修繕または改良などのために支出した金額のうち，その有形固定資産の使用可能期間の延長または価値の増加をともなう支出を「資本的支出」といい，その支出額は有形固定資産の帳簿価額に算入され減価償却の対象となります。一方，通常の維持管理または原状回復のための支出で，使用可能期間の延長または価値の増加をともなわない支出を収益的支出といい，その支出額は費用処理されます。

練習問題　7-3

　建物の定期修繕を行い，その際に屋根材を新素材に交換し代金5,000千円は小切手で支払った。新素材の交換の結果，建物の耐用年数が10年間延びた。代金のうち，3,000千円は定期修繕に係るものであった。

〈解答〉

借方		貸方	
建物	2,000	当座預金	5,000
修繕費	3,000		

5. 有形固定資産の売却と除却

有形固定資産が不要になった場合には，売却または除却[7]が行われます。このような場合，当該有形固定資産の帳簿価額と売却額との差額は，固定資産売却損（帳簿価額＞売却額の場合）または固定資産売却益（売却額＞帳簿価額の場合）として認識されます。固定資産売却損益は損益計算書において，通常，特別損益として処理されます。

売却価額－帳簿価額－売却費用＝固定資産売却損益

除却の場合，除却される有形固定資産に価値がある場合には，その価値の部分を貯蔵品として処理します。除却される有形固定資産に価値がない場合，帳簿価額は固定資産除却損として固定資産売却損と同様に特別損失として処理されます。

練習問題 7-4

以下の取引の仕訳を示しなさい。

(1) 期首に機械装置（取得価額2,000円，期首の減価償却累計額900円）を800円で売却し，手形を受け取った。

(2) 期首に備品（取得価額1,000円，期首の減価償却累計額500円）を除却した。この備品の処分価値は400円であり倉庫に保管した。

〈解答〉

	借方		貸方	
(1)	営業外受取手形	800	機械装置	2,000
	減価償却累計額	900		
	固定資産売却損	300		
(2)	減価償却累計額	500	備品	1,000
	貯蔵品	400		
	固定資産除却損	100		

---

7) 除却とは，有形固定資産の事業での使用を中止し，帳簿から除く処理をいいます。

6．固定資産の減損

　事業用の固定資産は，通常，一定の成果を期待して事業で使用されますが，その成果が当初の予想を下回り投資額の回収が見込めなくなった場合，将来に損失を繰り延べないため，当該固定資産の帳簿価額を減額する会計処理が必要になります。固定資産の減損とは，資産の収益性の低下により投資額の回収が見込めなくなった状態であり，減損処理とは，回収可能価額まで帳簿価額を減額する会計処理です。一方，減価償却は，時の経過および使用にともなう価値の減少部分を帳簿価額から減額する手続です。固定資産の減損の会計処理は，企業会計審議会が公表した「固定資産の減損に係る会計基準」および企業会計基準適用指針第6号「固定資産の減損に係る会計基準の適用指針」に規定されています。

　減損会計は，以下のようなステップで行われます。

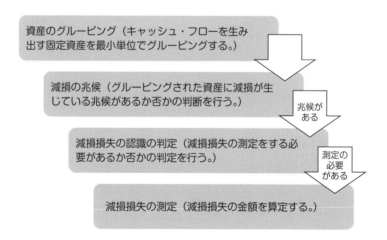

(1) 資産のグルーピング

　減損会計では，減損会計の対象となる資産を単位ごとに識別します。これを「資産のグルーピング」といいます。資産のグルーピングでは，他の資産または資産グループから概ね独立したキャッシュ・フローを生む出す最小の単位を１つのグループとして考えます。このグループ単位ごとに減損の兆候，減損損失の認識の判定および測定を行います。この最小単位は，個別の資産の場合もあれば，複数の資産グループの場合もあります。たとえば，Ａ工場がＡ事業の「キャッシュ・フローを生み出す最小単位」であり管理会計上も区分されている場合には，Ａ工場を１つのグループとして減損会計の検討を行います。

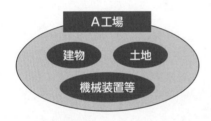

建物・土地・機械装置等が一体となり製品を製造し，キャッツュを生み出している場合，減損会計では，Ａ工場を１つの資産としてグルーピングします。

(2) 減損の兆候

　減損の兆候とは，資産または資産グループに減損が生じている可能性を示す事象で，社内環境と外部環境を考慮して判断されます。減損の兆候の例示として，以下のような事象があげられています。このような事象に該当する場合，減損損失の認識の判定が行われます。減損の兆候がない場合は，通常，減損損失の認識の判定は行われません。

損益及び キャッシュ・フロー がマイナス	・資産または資産グループが使用されている営業活動から生じる損益またはキャッシュ・フローが継続してマイナスとなっているか，あるいは継続してマイナスとなる見込みである。たとえば，損益またはキャッシュ・フローが2期継続のマイナスで，継続してマイナスとなる見込み等
資産の使用範囲 の変更	・資産または資産グループの使用範囲または方法について，当該資産または資産グループの回収可能価額を著しく低下させる変化が生じたか，あるいは生じる見込みである。たとえば，事業の廃止，資産の早期除却・売却，用途転用，遊休状態の発生，稼働率の著しい低下，陳腐化等
経営環境の悪化	・資産または資産グループが使用されている事業に関連して，経営環境が著しく悪化したかまたは悪化する見込みである。たとえば，市場環境・技術的環境が著しく悪化したまたは悪化の見込み，法改正が企業に著しく不利な影響を与える場合等
市場価格の下落	・資産または資産グループの市場価格が著しく下落した。たとえば，市場価格が帳簿価額から50%程度以上下落した場合等

（3）減損損失の認識の判定

　減損損失の認識の判定とは，上記のような減損の兆候のある資産または資産グループについて，減損損失の測定（金額の算定）を実施するか否かを判定することです。減損損失の測定を実施するかどうかの判定は，帳簿価額と割引前将来キャッシュ・フロー総額[8]を比較して行われます。

①　帳簿価額が割引前将来キャッシュ・フローの総額を下回る場合（割引前将来キャッシュ・フローが投資額を回収できる場合）

固定資産の帳簿価額　　割引前将来キャッシュ・フローの総額　　減損会計の適用は不要

8）　割引前将来キャッシュ・フローとは，資産または資産グループが将来において生み出すと予想されるキャッシュ・フローを時価的価値を考慮せずに，単純に合算したものです。たとえば，ある資産の使用により，将来5年間にわたり各年度に1,000万円ずつキャッシュを生み出すと予想されれば，割引前将来キャッシュ・フローの総額は5,000万円となります。

② 帳簿価額が割引前将来キャッシュ・フローの総額を上回る場合（割引前将来キャッシュ・フローが投資額を回収できない場合）

この状況は，減損が生じていることが相当程度確実であると判断され減損損失の測定が行われます。

(4) 減損損失の測定

減損損失の測定とは，減損損失の金額を算定することです。減損損失は特別損失として処理されます。減損損失は固定資産の帳簿価額から回収可能価額を控除した金額です。回収可能価額とは，資産または資産グループの正味売却価額と使用価値のいずれか高い方の金額を言います。

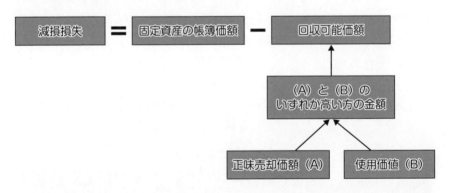

正味売却価額とは，資産または資産グループの見積売却価額から処分費用見込額を控除して算定される金額です。使用価値とは，資産または資産グループの継続的使用と使用後の資産の処分によって生じると見込まれる将来キ

ャッシュ・フローの現在価値[9]です。減損損失の認識の判定では割引前将来キャッシュ・フローを用いましたが，減損損失の算定では貨幣の時間価値を考慮して割引計算を行います。いずれか高い金額を使用するのは企業が投資額を回収する場合，売却による回収（正味売却価額）と使用による回収（使用価値）のいずれか高い方を経営判断として選択することがその理由といえます。

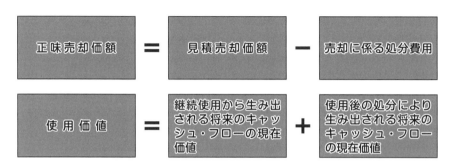

[練習問題　7-5]

　以下の資料に基づき，減損損失の測定が必要か否かを判定し，必要な場合は減損損失の金額を求めなさい。A工場およびB工場は独立してキャッシュ・フローを生み出す最小単位です。

（単位：千円）

	A工場	B工場
取得原価	350,000	400,000
減価償却累計額	120,000	264,000
割引前将来キャッシュ・フローの総額	200,000	148,000
正味売却価額	190,000	132,000
使用価値	180,000	143,000

---

9) 将来キャッシュ・フローの現在価値とは，将来得られるキャッシュ・フローを現在の価値に換算するといくらになるかというものです。たとえば，金利が5％で，1年後に得られる金額を100万円とすればこの100万円の現在の価値は100万円 $\times \dfrac{1}{(1+0.05)} = 952{,}381$円となります。今，952,381円を金利5%で預けると1年後には100万円が受け取れます。

〈解答〉

・A工場

帳簿価額：230,000千円（取得原価350,000千円－減価償却累計額120,000千円）

割引前将来キャッシュ・フローの総額：200,000千円

230,000千円（帳簿価額）＞200,000千円（割引前将来キャッシュ・フローの総額）

　減損損失の測定が必要

回収可能価額：190,000千円（正味売却価額と使用価値のいずれか高い金額）

減損損失の金額：40,000千円（230,000千円－190,000千円）

・B工場

帳簿価額：136,000千円（取得原価400,000千円－減価償却累計額264,000千円）

割引前将来キャッシュ・フローの総額：148,000千円

148,000千円（割引前将来キャッシュ・フローの総額＞136,000千円（帳簿価額）

減損損失の測定は不要

(5) 減損損失の戻入

　減損損失の計上後，減損損失を控除した金額が固定資産の帳簿価額となり，控除後の帳簿価額に基づき減価償却が行われます。その後，市場が回復し，将来のキャッシュ・フローが減損損失計上前の帳簿価額を上回ったとしても減損損失の戻入は行いません。減損の戻入を行わないのは，日本の減損の会計基準が，割引前将来キャッシュ・フローの総額が帳簿価額を下回ることを認識の要件としていることがあげられます。この要件は減損の存在が相当程度確実な場合にかぎって減損損失を認識する基準であるため，減損損失の戻入の状況はかぎられていることおよび事務負担が増大すること等が戻入れを行わない理由として考えられます。国際財務報告基準では，減損の兆候があれば減損損失の認識の判定は行わず回収可能価額の算定が行われます。国際財務報告基準は，減損損失がもはや存在しないか，減少している可能性を示す兆候がある場合に，回収可能価額の見積りを行い，回収可能価額が帳簿価額を上回る場合は減損損失の戻入を行います。

7. 資産除去債務

(1) 資産除去債務の意義

　資産除去債務とは「有形固定資産の取得，建設，開発又は通常の使用によって生じ，当該有形固定資産の除去に関して法令又は契約で要求される法律上の義務及びそれに準ずるもの」と定義されています。たとえば，借地に店舗や事務所を建設し，契約満了時に当該店舗や事務所を解体・除去して更地で返還する条項（これを原状回復義務といいます）が契約書に含まれている場合等が資産除去債務に該当します。資産を除去する義務が発生した場合は，貸借対照表において資産除去債務を負債として計上し，同額を対象の有形固定資産の帳簿価額に加算します。仕訳は，次にようになります。

借方		貸方	
有形固定資産	×××	資産除去債務	×××

　資産除去債務に関する会計処理は，企業会計基準第18号「資産除去債務に関する会計処理」および企業会計基準適用指針第21号「資産除去債務に関する会計基準の適用指針」に規定されています。

(2) 資産除去債務の算定

　資産除去債務の金額は，将来，有形固定資産を除去するために必要な費用を見積り，その費用を割引計算して算定します。たとえば，3年後に資産除去に必要な費用を10,000円と見積った場合，割引率が3％とすれば，資産除去債務は9,151円となります。

$$9,151 = \frac{10,000}{(1+0.03)^3}$$

　資産除去債務を合理的に見積ることができない場合，資産除去債務を計上せず「資産除去債務の概要」「見積ることができない旨及び理由」の注記が必要となります。合理的に見積ることができない場合とは，資産除去債務の

履行時期の予測が困難な場合，除去費用を見積ることが困難な場合が考えられます。

(3) 資産除去債務計上後の費用配分

　有形固定資産に加算された資産除去債務は，対象の有形固定資産の耐用年数にわたり減価償却され各期に費用配分されます。負債に計上された資産除去債務は，各期において，時の経過による調整額を資産除去債務の帳簿価額に加算します。仕訳は，次のようになります。

借方		貸方	
減価償却費	×××	減価償却累計額	×××
利息費用	×××	資産除去債務	×××

利息費用＝資産除去債務帳簿価額×割引率

　資産を除去した際に実際に支払った金額と資産除去債務の帳簿価額の差額は，履行差額として損益処理されます。仕訳は，次のようになります。

借方		貸方	
減価償却累計額	×××	有形固定資産	×××
資産除去債務	×××	現金等	×××
履行差額	×××		

　資産除去債務は，貸借対照表日以後1年以内に資産除去の履行が見込まれる場合は流動負債の区分に表示し，それ以外は固定負債の区分に表示されます。資産除去債務の時の経過による調整額は，損益計算書において対象となる有形固定資産の減価償却費と同じ区分に含めて計上されます。

練習問題　7-6

　借地に店舗を建設し，建設代金500万円は小切手を振り出して支払った。土地の賃貸借契約書には原状回復義務の条項が含まれている。残存価額はゼロ，使用期間は3年間で減価償却は定額法，3年後の除去費用は150万円と見積られた。割引率は5％を使用する。店舗建設時および決算日の仕訳を示しなさい。

〈解答〉

建設時

借方		貸方	
建物	629.6	当座預金	500
		資産除去債務	129.6

資産除去債務：129.6万円（150万円÷（1＋0.05）^{3}）

決算日

借方		貸方	
減価償却費	210	減価償却累計額	210
利息費用	6.5	資産除去債務	6.5

減価償却費：210万円（629.6万円÷3年）
利息費用：6.5万円（129.6万円×5％）

8. 固定資産台帳

　固定資産台帳は，固定資産を管理するため固定資産の用途（名称），取得日（使用開始日），耐用年数，取得価額，減価償却，設置場所等を記載する会計帳簿です。また，固定資産台帳と現物を定期的に照合し，固定資産の実在性および利用状況（遊休資産の有無等）を確認します。固定資産台帳の決まった様式はありませんが，以下のような様式が考えられます。

固定資産台帳

取得年月日	用途	数量	耐用年数	期首（期中取得）取得価額	期首減価償却累計額	期首（期中取得）帳簿価額	当期減価償却費	設置場所等
X2年4月	店舗	1	50	50,000,000	20,000,000	30,000,000	1,000,000	xx市

9. 有形固定資産の表示

　貸借対照表における有形固定資産および減価償却累計額の表示には，以下の方法があります。

⟨ⅰ⟩ 減価償却累計額を有形固定資産の各科目別に取得価額から控除する方法

固定資産	
有形固定資産	
建物	×××
減価償却累計額	△×××
建物（純額）	×××
機械及び装置	×××
減価償却累計額	△×××
機械及び装置（純額）	×××

⟨ⅱ⟩ 減価償却累計額を有形固定資産全体から一括して控除する方法

固定資産	
有形固定資産	
建物	×××
機械及び装置	×××
	×××
減価償却累計額	△×××
有形固定資産（純額）	×××

⟨ⅲ⟩ 減価償却累計額を各有形固定資産の取得価額から直接控除し，注記で記載する方法

固定資産	
有形固定資産	
建物	×××
機械及び装置	×××
（一括して注記する場合）	
有形固定資産の減価償却累計額	×××
又は	
（各勘定科目別に注記する場合）	
建物の減価償却累計額	×××
機械及び装置の減価償却累計額	×××

第8章 リース取引

1. リースの意義と範囲

　リースとは，現金または他の対価と交換で貸手が所有する特定の資産を一定の期間にわたり使用する権利を借手に与える契約上の合意をいいます。

　リース取引は，航空会社等で利用される場合が多く，その理由として購入する場合より初期投資が少なく，金融機関からの借入を行わないため，金融機関からの借入枠が残ることがあげられます。リース料は，通常，リース期間を通じて固定されているため物価上昇時においてもコストを抑える効果もあります。また，技術革新のスピードが速い設備等に関し，当該設備の陳腐化を予測したリース期間を設定することにより，設備の購入による陳腐化のリスクを軽減することも可能になります。このような理由でリース取引は急速に拡大しました。リースの会計処理は，主として，企業会計基準第13号「リース取引に関する会計基準」および企業会計基準適用指針第16号「リース取引に関する会計基準の適用指針」に規定されています。

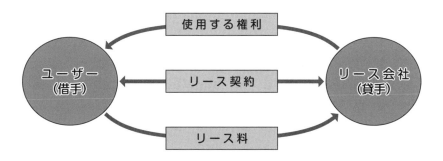

2. リースの分類

　会計目的上，リースはファイナンス・リース取引とオペレーティング・リース取引に分類されます。

　ファイナンス・リース取引とは，以下の①および②のいずれも満たすリース取引をいいます。

①リース契約に基づくリース期間の中途において，当該契約を解除することができないリース取引またはこれに準ずる取引（解約不能のリース取引といいます）。解約不能リース取引には，契約上解約できない場合の他，法的には解約可能であっても，解約に際して相当の違約金を支払わなければならず事実上は解約不能なリースも含まれます。

②借手が，リース物件からもたらされる経済的利益を実質的に享受することができ，かつ，当該リース物件の使用にともなって生じるコストを実質的に負担することとなるリース取引（フルペイアウトのリース取引といいます）

　オペレーティング・リース取引とは，ファイナンス・リース取引以外の取引をいいます。

　ファイナンス・リース取引は，リースの条件に照らして所有権移転ファイナンス・リース取引と所有権移転外ファイナンス・リース取引に分類されます。分類の具体的な判定は次のようになります。

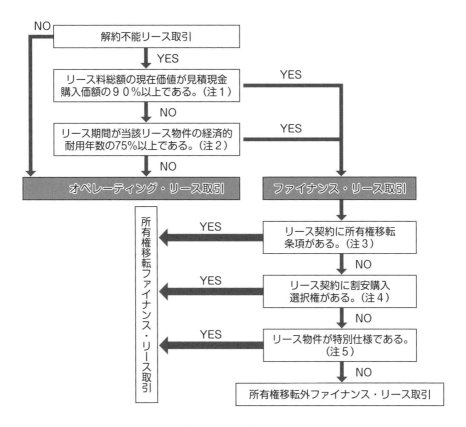

（注1）　現在価値基準といわれ，次の算式で判断されます。

解約不能のリース期間中のリース料総額の現在価値 ≧ 見積現金購入価額 × 90％

　　　見積現金購入価額とは，借手が当該リース物件を現金で購入すると仮定した場合の合理的な見積金額をいいます。たとえば，リース料総額の現在価値が90,000円であり，見積現金購入価額が100,000円の場合，当該リース取引はファイナンス・リース取引に該当します。

（注2）　経済的耐用年数基準といわれ，次の算式で判断されます。

解約不能のリース期間 ≧ リース物件の経済的耐用年数 × 75％

　　　たとえば，解約不能のリース期間が4年で当該リース物件の経済的耐用年数が5年の場合，5年×0.75＝3.75年ですので当該リース取引はファイナンス・リース取引に該当します。

　　　現在価値基準と経済的耐用年数基準は，フルペイアウトのリース取引の分類に関

する具体的な判断基準として使用されます。

(注3）リース契約上，リース期間終了後またはリース期間の途中でリース物件の所
　　　有権が借手に移転する条項がある場合をいいます。

(注4）割安購入選択権とは，リース契約上，借手がリース期間終了後またはリース
　　　期間の途中で名目的価額またはその選択権の行使時点のリース物件の公正価値に比
　　　して著しく有利な価額で買い取る権利のことをいいます。すなわち，リースの開始
　　　日においてこの権利（オプション）の行使が確実に予想されるほどの割安購入権を
　　　いいます。

(注5）特別仕様とは，リース物件が借手の用途等にあわせて特別の仕様により制作
　　　または製造されたものであり，当該リース物件の返還後，貸手が第三者に再リース
　　　または売却することが困難であるため，その使用可能期間を通じて借手にのみ使用
　　　されることが明らかな場合をいいます。

3. リース取引の会計処理

(1) 借手の会計処理

①オペレーティング・リース取引

　オペレーティング・リース取引については，通常の賃貸借取引として会計
処理が行われるため，リース料の発生時に費用処理されます。仕訳は次のよ
うになります。

借方		貸方	
支払リース料	×××	当座預金等	×××

②ファイナンス・リース取引

　ファイナンス・リース取引については，通常の売買取引に係る方法に準じ
て会計処理が行われます。すなわち，リース取引開始日に，借方に「リース
資産」貸方に「リース債務」を計上します。所有権移転ファイナンス・リー
ス取引と所有権移転外ファイナンス・リース取引におけるリース資産および

リース債務の計上金額は貸手の購入価額等が明らかな場合とそうでない場合とでは異なります。

（ⅰ）所有権移転ファイナンス・リース取引

〈貸手の購入価額等が明らかな場合〉

貸手の購入価額がリース資産およびリース債務の計上金額になります。

借方		貸方	
リース資産	×××	リース債務	×××
貸手の購入価額で計上			

〈貸手の購入価額等が明らかでない場合〉

リース料総額の現在価値と借手の見積現金購入価額のいずれか低い方の金額がリース資産およびリース債務の計上金額となります。

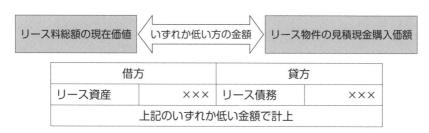

借方		貸方	
リース資産	×××	リース債務	×××
上記のいずれか低い金額で計上			

（ⅱ）所有権移転外ファイナンス・リース取引

〈貸手の購入価額等が明らかな場合〉

リース料総額の現在価値と貸手の購入価額等のいずれか低い方の金額がリース資産・リース債務の計上金額となります。

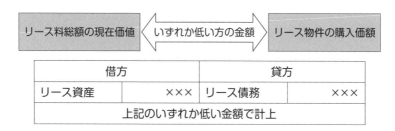

借方		貸方	
リース資産	×××	リース債務	×××
上記のいずれか低い金額で計上			

〈貸手の購入価額等が明らかでない場合〉

　リース料総額の現在価値と借手の見積現金購入価額のいずれか低い方の金額がリース資産およびリース債務の計上金額によります

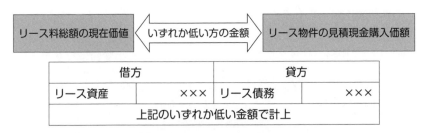

借方		貸方	
リース資産	×××	リース債務	×××
上記のいずれか低い金額で計上			

　リース料総額の現在価値は，貸手の計算利子率を用いて算定し，入手できない場合は借手の追加借入利子率を用いて算定します。計算利子率とは，リース料総額とリース期間終了時に見積られる残存価額の合計額の現在価値が，当該リース物件の現金購入価額または借手に対する現金販売価額と等しくなるような利率をいいます。たとえば，リース物件の貸手の現金購入価額が1,000,000円，リース期間が5年，年間リース料の受取りはリース開始後各年度末に1年分のリース料300,000円を受け取る場合，貸手の計算利子率rは以下のようにして計算します。

$$1,000,000 = \frac{300,000}{(1+r)} + \frac{300,000}{(1+r)^2} + \frac{300,000}{(1+r)^3} + \frac{300,000}{(1+r)^4} + \frac{300,000}{(1+r)^5}$$

　これを解くと$r=15.238\%$となり当該リース取引の貸手の計算利子率は15.238％となります。

　追加借入利子率とは，借手が追加借入に適用されると合理的に見積もれる利率をいい，リース期間と同一の期間にわたり同様の担保を付し，リース資産と同様の資産を購入するために必要な資金を借入れるとした場合に支払わなければならない利率といえます。

　リース資産は減価償却が行われ，耐用年数はリース期間とし残存価額はゼロとして計算します。リース債務はリース料の支払いにともない減少しますが，その際に支払リース料は利息相当額部分とリース債務の元本返済部分に区分され会計処理が行われます。利息相当額は利息法によりリース期間中の

各期に配分し，元本返済部分はリース債務の元本から減額します。

　利息法とは，各期の支払利息相当額をリース債務の未返済元本残高に一定の利率（リース料総額の現在価値がリース取引開始日におけるリース資産またはリース債務の計上価額と等しくなる利率）を乗じて算定する方法です。所有権移転外ファイナンス・リース取引では，原則として，利息法が適用されます。所有権移転ファイナンス・リース取引は，利息法のみが適用されます。

　利息法の具体的な計算例として，仮に，リース期間が4年，リース料総額の現在価値が420,000円，現在価値の算定に用いる割引率を5.5638％とします。1年分のリース料は120,000円とし，毎期決算日に後払いで支払うものとした場合の支払利息相当額とリース債務の元本返済部分は以下のように算定します。

年度	支払リース料（A）	支払利息相当額（B）	リース債務の元本返済部分（C）	リース債務の未返済元本残高（D）
リース取引開始日	—	—	—	420,000
1年目末	120,000	23,368	96,632	323,368
2年目末	120,000	17,992	102,008	221,360
3年目末	120,000	12,316	107,684	113,676
4年目末	120,000	6,324	113,676	0
合計	480,000	60,000	420,000	—

（B）＝（D）×5.5638％
（C）＝（A）－（B）
（D）＝前年の（D）－（C）

　上記の支払利息相当額とリース債務の元本返済額の推移のイメージ図は以下のようになります。

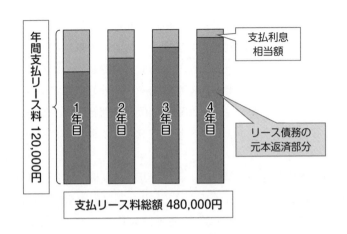

年間支払リース料 120,000円

支払利息
相当額

1年目　2年目　3年目　4年目

リース債務の
元本返済部分

支払リース料総額 480,000円

練習問題　8-1

　当社（3月末決算）は，20X1年4月1日にリース会社と機械のリース契約を締結しリース取引を開始した。このリース取引は所有権移転外ファイナンス・リース取引と判定された。リース期間を5年，年間のリース料を20,000円とし，リース料はリース開始日の1年後から毎年3月末に小切手で支払う。リース資産の計上額はリース料総額の現在価値（94,270円）とし，現在価値の算定に用いる割引率は2％とする。リース資産は定額法で減価償却を行う。この場合の20X1年4月1日（リース取引開始日）および20X2年3月31日（決算日）の仕訳を示しなさい。

〈解答〉

20X1年4月1日（リース取引開始日）

借方		貸方	
リース資産	94,270	リース債務	94,270

20X2年3月31日（決算日）

借方		貸方	
減価償却費	18,854	減価償却累計額	18,854

減価償却費：18,854円（94,270円÷5年）

借方		貸方	
リース債務	18,115	当座預金	20,000
支払利息	1,885		

支払利息：1,885円（94,270円×2％）
リース債務：18,115円（20,000円−1,885円）

　2年目以降も同様の会計処理が行われます。支払利息相当額とリース債務の元本返済部分の金額は以下のようになります。

年度	支払リース料	支払利息相当額	リース債務の元本返済部分	リース債務の未返済元本残高
リース取引開始日	—	—	—	94,270
1年目末	20,000	1,885	18,115	76,155
2年目末	20,000	1,523	18,477	57,678
3年目末	20,000	1,154	18,846	38,832
4年目末	20,000	777	19,223	19,609
5年目末	20,000	391	19,609	0
合計	100,000	5,730	94,270	—

リース料総額の現在価値（94,270円）は以下の式で求められます。

$$94,270 = \frac{20,000}{(1+0.02)} + \frac{20,000}{(1+0.02)^2} + \frac{20,000}{(1+0.02)^3} + \frac{20,000}{(1+0.02)^4} + \frac{20,000}{(1+0.02)^5}$$

　なお，所有権移転外ファイナンス・リース取引は，原則として，利息法を適用しますが，リース資産総額に重要性がない場合は，簡便的な方法が認められます。簡便法として，次の方法があります。

　a．リース料総額から利息相当額の合理的な見積額を控除しない方法（利子込み法）

　b．利息相当額の総額をリース期間中の各期に配分する金額を定額とする方法（利子抜き法）

　簡便法である利子込み法と利子抜き法の具体的な計算例を，練習問題8-1

を用いて仕訳を示せば次のとおりです。

　a．リース料総額から利息相当額の合理的な見積額を控除しない方法（利
　　子込み法）

　利息相当額を控除しないため支払リース料総額（100,000円）をリース資
産およびリース債務として計上します。リース開始日と1年目末の決算日の
仕訳は次のとおりです。

20X1年4月1日（リース取引開始日）

借方		貸方	
リース資産	100,000	リース債務	100,000

20X2年3月31日（決算日）

借方		貸方	
減価償却費	20,000	減価償却累計額	20,000

減価償却費：100,000円÷5年

借方		貸方	
リース債務	20,000	当座預金	20,000

　利子込み法のリース債務の返済額は一定額でイメージ図は以下のようにな
ります。

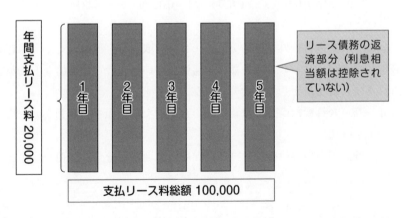

b．利息相当額の総額をリース期間中の各期に配分する金額を定額とする
　方法（利子抜き法）

リース取引開始日と1年目末の決算日の仕訳は，次のとおりです。

20X1年4月1日（リース取引開始日）

借方		貸方	
リース資産	94,270	リース債務	94,270

20X2年3月31日（決算日）

借方		貸方	
減価償却費	18,854	減価償却累計額	18,854

減価償却費：18,854（94,270円÷5年）

借方		貸方	
リース債務	18,854	当座預金	20,000
支払利息	1,146		

支払利息：1,146円（利息相当額5,730円÷5年）
リース債務：18,854円（20,000円−1,146円）

　利子抜き法の利息相当額とリース債務の元本返済額の推移のイメージ図は
以下のようになります。

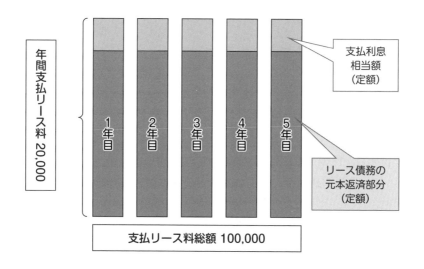

99

（ⅲ）所有権移転ファイナンス・リース取引と所有権移転外ファイナンス・リース取引の会計処理の差異

　所有権移転ファイナンス・リース取引と所有権移転外ファイナンス・リース取引の会計処理の違いは，減価償却方法にあります。

(a)　所有権移転ファイナンス・リース取引はリース資産の所有権が借手に移転するため，リース資産の減価償却は，借手の自己所有の固定資産に適用する減価償却方法と同じ方法で行われます。耐用年数は経済的な使用可能予測期間とします。

(b)　所有権移転外ファイナンス・リース取引はリース資産の所有権が借手に移転しないため，借手の自己所有の固定資産と異なる償却方法が認められています。リース資産の減価償却は，定額法，級数法，生産高比例法等の中から企業の実態に応じたものを選択でき，原則として，耐用年数はリース期間とし，残存価額をゼロとします。

(2) 貸手の場合

①オペレーティング・リース取引

　オペレーティング・リース取引については，通常の賃貸借取引として会計処理が行われるため，リース料の発生時に収益処理されます。仕訳は次のようになります。

借方		貸方	
当座預金等	×××	受取リース料	×××

②ファイナンス・リース取引

　ファイナンス・リース取引については，通常の売買取引に係る方法に準じて会計処理が行われます。貸手の場合の会計処理は次の3つの方法があります。

（ⅰ）リース取引開始日に売上の全額と売上に対応する売上原価を計上する方法

　リース取引開始日に，リース料総額で売上高を計上し，同額でリース投資資産を計上します。また，リース物件の現金購入価額を売上原価として計上

します。

仕訳としては，次のようになります。

借方		貸方	
リース投資資産(注)	×××	売上高	×××
売上原価	×××	現金等	×××

（注）所有権移転外ファイナンス・リース取引の場合は，勘定科目は「リース投資資産」を使用し，所有権移転ファイナンス・リースの場合は「リース債権」の勘定科目を使用します。

リース料受取時の仕訳は以下のようになります。

借方		貸方	
当座預金等	×××	リース投資資産	×××

　リース開始後の最初の決算日において，売上高と売上原価の差額である利息相当額のうち，未回収部分に対応する利益は繰延処理が行われます。仕訳としては次のようになります。

借方		貸方	
繰延リース利益繰入（損益）	×××	繰延リース利益（負債)(注)	×××

（注）貸借対照表では，繰延リース利益（負債）はリース投資資産と相殺して表示されます。

　2年目以降は，繰延リース利益（負債）のうち，各年度に配分される利息相当額を繰延リース利益戻入益として会計処理を行います。仕訳は次のようになります。

借方		貸方	
繰延リース利益（負債）	×××	繰延リース利益戻入益（損益）	×××

（ⅱ）リース料受取時に売上高と売上原価を計上する方法

　リース取引開始日に，リース物件の現金購入価額をリース投資資産に計上します。仕訳は次のようになります。

借方		貸方	
リース投資資産	×××	現金等	×××

　リース期間中の各期に受け取るリース料を売上高として計上し，売上高から当期に配分される利息相当額を差し引いた額を売上原価として計上します。

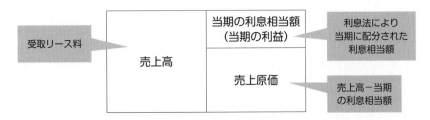

仕訳は次のようになります。

借方		貸方	
当座預金等	×××	売上高	×××
売上原価	×××	リース投資資産	×××

（ⅲ）売上高を計上せずに利息相当額を各期へ配分する方法

　リース取引開始日に，リース物件の現金購入価額をリース投資資産に計上します。仕訳は以下のようになります。

借方		貸方	
リース投資資産	×××	現金等	×××

　各期の受取リース料を利息相当額とリース投資資産の元本回収額に区分し，利息相当額を受取利息として計上し，元本回収額をリース投資資産の回収として会計処理を行います。

	当期の利息相当額（受取利息）

利息法により当期に配
分された利息相当額

仕訳は以下のようになります。

借方		貸方	
当座預金等	×××	リース投資資産	×××
		受取利息	×××

上記のいずれの方法を採用しても利益は同じ金額になります。

4．リース資産およびリース債務の表示

(1) 借手側

　リース資産については，原則として，有形固定資産，無形固定資産の別に，一括してリース資産として表示します。ただし，有形固定資産または無形固定資産に属する各科目に含めることもできます。リース債務については一年基準を適用し，貸借対照表日後1年以内に支払期限が到来するものは流動負債の区分で表示し，貸借対照表日後1年を超えて支払期限が到来するものは固定負債の区分で表示します。

(2) 貸手側

　所有権移転ファイナンス・リース取引におけるリース債権および所有権移転外ファイナンス・リース取引におけるリース投資資産は，当該企業の主目的たる営業取引により発生したものである場合は，正常営業循環基準を適用し流動資産に区分表示します。当該企業の営業の主目的以外の取引により発生したものである場合は，一年基準を適用し貸借対照表日の翌日から起算して1年以内に入金期限が到来するものは流動資産に区分表示し，入金期限が1年を超えて到来するものは固定資産に区分表示します。

リース会計・貸手の会計処理

　当社（貸手）（3月末決算）は，20X1年4月1日にA社と機械のリース契約を締結しリース取引を開始した。このリース取引は所有権移転外ファイナンス・リース取引と判定された。リース期間を5年，年間のリース料を20,000円とし，リース料はリース開始日の1年後から毎年3月末に小切手で受け取る。貸手のリース物件の現金購入価額は94,270円で，代金は小切手で支払った。貸手の計算利子率を2％とする。

　下記の方法で，20X1年4月1日（リース開始日），20X2年3月31日（リース料受取日）および20X2年3月31日（決算日）における貸手の仕訳を示しなさい。

(1) リース取引開始日に売上の全額と売上に対応する売上原価を計上する方法
(2) リース料受取時に売上高と売上原価を計上する方法
(3) 売上高を計上せずに利息相当額を各期へ配分する方法

〈解答〉

(1) リース取引開始日に売上の全額と売上に対応する売上原価を計上する方法

20X1年4月1日（リース取引開始時）
仕訳

借方		貸方	
リース投資資産	100,000	売上高	100,000
売上原価	94,270	当座預金	94,270

20X2年3月31日（リース料受取時）
仕訳

借方		貸方	
現金	20,000	リース投資資産	20,000

20X2年3月31日（決算日）
仕訳

借方		貸方	
繰延リース利益繰入	3,845	繰延リース利益	3,845

　上記の仕訳の結果，当期利益は1,885円となります（売上高100,000円－売上原価94,270円－繰延リース利益繰入3,845円）。

〔参考〕

20X3年3月31日の決算日は，次のような仕訳になります。

借方		貸方	
繰延リース利益	1,523	繰延リース利益戻入益	1,523

（上記の計算）

利息相当額の総額5.730円（100,000円－94,270円）の各年度に対応する利息相当額とリース投資資産の回収スケジュールは以下のようになります。

年度	受取リース料（A）	各年度に対応する利息相当額（B）	リース投資資産の回収額（C）	リース投資資産の未回収残高（D）
リース取引開始日				94,270
1年目末	20,000	1,885	18,115	76,155
2年目末	20,000	1,523	18,477	57,678
3年目末	20,000	1,154	18,846	38,832
4年目末	20,000	777	19,223	19,609
5年目末	20,000	391	19,609	0
合計	100,000	5,730	94,270	－

（B）＝（D）×2％
（C）＝（A）－（B）
（D）＝前年度の（D）－（C）

リース取引開始日に売上の全額と売上に対応する売上原価を計上する方法の場合は，上記のスケジュールのように，2年目以降の利息相当額の合計3,845円（1,523円＋1,154円＋777円＋391円）が繰延リース利益繰入として処理され，2年目以降は各年度に対応する利息相当額が戻入されます。以下の各方法の計算も同様です。

(2) リース料受取時に売上高と売上原価を計上する方法

20X1年4月1日（リース取引開始時）
仕訳

借方		貸方	
リース投資資産	94,270	当座預金	94,270

20X2年3月31日（リース料受取時）
仕訳

借方		貸方	
現金	20,000	売上高	20,000

20X2年3月31日（決算日）
仕訳

借方		貸方	
売上原価	18,115	リース投資資産	18,115

　上記の結果，当期利益は1,885円となります（売上高20,000円－売上原価18,115円）。

〔参考〕

　20X3年3月31日の決算日は，次のような仕訳になります。

借方		貸方	
売上原価	18,477	リース投資資産	18,477

（3）売上高を計上せずに利息相当額を各期へ配分する方法

20X1年4月1日（リース取引開始時）
仕訳

借方		貸方	
リース投資資産	94,270	当座預金	94,270

20X2年3月31日（リース料受取時）
仕訳

借方		貸方	
現金	20,000	リース投資資産	18,115
		受取利息	1,885

20X2年3月31日（決算日）

借方		貸方	
仕訳なし			

〔参考〕

　20X3年3月31日のリース料受取時，次のような仕訳になります。

借方		貸方	
現金	20,000	リース投資資産	18,477
		受取利息	1,523

第9章 無形固定資産と繰延資産

1. 無形固定資産と繰延資産の意義と範囲

　無形固定資産とは，具体的な形態をもたない非貨幣性資産で，①法律上の権利（特許権，商標権，著作権等），②市場販売目的または自社利用目的のためのソフトウェア（市場で販売しているソフトウェアの購入を含む），③企業結合等で発生したのれんに区分されます。

　繰延資産とは，①すでに代価の支払いが完了しまたは支払義務が確定し，②これに対応する役務の提供を受けたにもかかわらず，③その効果が将来にわたって発現すると期待される費用で，資産として計上されたものです。繰延資産は，法律上の権利でもなく換金価値を有しないため債権者保護の観点から繰延資産として資産計上が容認されている項目は，創立費，開業費，株式交付費，社債発行費等および開発費に限定されています。繰延資産は，本来は，費用項目として処理されますが，繰延資産の資産計上が容認されているのは，その効果が将来にわたり発現すると期待され，将来の収益に対応させることにより適切な期間損益を行うためです。

　ソフトウェアの会計処理は，主として，会計制度委員会報告12号「研究開発費及びソフトウェアの会計処理に関する実務指針」，繰延資産の会計処理は，企業会計基準委員会の実務対応報告19号「繰延資産の会計処理に関する当面の取扱い」に規定されています。

2. 無形固定資産の取得価額

(1) 法律上の権利

　法律上の権利の取得価額は，有形固定資産の取得価額と同じ方法で算定されます。購入の場合は購入代価に付随費用を加算し，自己創設の場合は適正な原価計算に基づいて算定されます。

(2) ソフトウェアの会計処理

　ソフトウェアの範囲には，コンピュータに一定の仕事を行わせるためのプログラム，システム仕様書およびフローチャート等の関連文書等が含まれます。

　ソフトウェアの会計処理は，制作目的により，販売目的と自社利用目的に分類され会計処理が行われます。

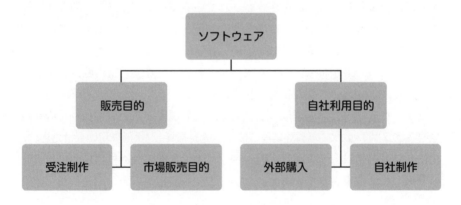

①販売目的のソフトウェア

（ⅰ）受注制作のソフトウェア

　受注制作のソフトウェアの制作費は，請負工事の会計処理に準じて処理されることとされており，資産計上する金額は工事進行基準または工事完成基準[10]の適用により算定されます。すなわち，個別原価計算によりソフトウェアの制作費に係る原価を仕掛品勘定として資産計上し，成果の確実性が見込まれる場合，工事進行基準を適用し収益に対応する部分を仕掛品から原価に振替えます。成果の確実性が見込まれない場合，工事完成基準を適用しソフトウェアが完成し顧客に引渡した時点で仕掛品から原価に振替えます。

　新収益認識基準の適用により，「工事契約に関する会計基準」「工事契約に関する会計基準の適用指針」は廃止されます。

　新収益認識基準では，工事進行基準と原価回収基準の考え方がとり入れられています。一定期間にわたり充足される履行義務については，履行義務の充足に係る進捗度を見積り，当該進捗度に基づき収益を一定期間にわたり認識します。進捗度が見積れない場合は，原価回収基準が適用されます。原価回収基準では，発生費用の回収が見込まれる場合は，原価の発生額で収益を認識します。したがって，発生費用は原価（費用）として処理されます。

（ⅱ）市場販売目的のソフトウェア

　市場販売目的のソフトウェア製作費のうち，研究開発の終了時点までに発生した費用は研究開発費として費用処理し，その後に発生した費用は無形固定資産として計上されます。研究開発の終了時点とは，最初に製品化された製品マスターが完成した時点をいいます。ただし，研究開発の終了時点以降に発生した費用で，機能の改良・強化に要した費用は無形固定資産として計上しますが，製品マスターの機能の著しい改良に要した費用は別個の新しいマスターと考え研究開発費として費用処理します。

---

10) 長期請負工事の収益計上については，「企業会計原則注解7」で，「工事進行基準又は工事完成基準のいずれかを選択適用することができる」と記載されています。工事進行基準とは，決算日に工事進行の進捗度を見積もり，当該進捗度を用いて収益を計上する方法です。一方の工事完成基準は，工事が完成し，その引渡しが完了した日に工事収益を計上する方法です。

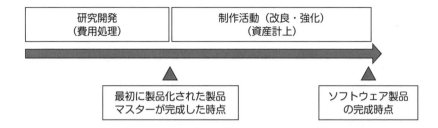

②自社利用目的のソフトウェア（外部購入および自社制作のソフトウェア）

　自社で利用するためにソフトウェアを制作し，または，市場で販売しているソフトウェアを購入した場合は，そのソフトウェアの利用により当該ソフトウェアを利用する前と比較して会社の業務が効率的または効果的に遂行できることが明確に認められる場合，すなわち，将来の収益獲得または費用削減が確実であると認められる場合には，確実であると認められる状況時点以降に生じた原価を無形固定資産として計上します。

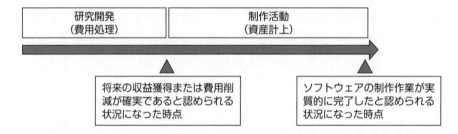

　外部購入の場合は，将来の収益獲得または費用削減を目的として購入するため購入代価に付随費用を加算し無形固定資産として計上します。

(3) のれん

　のれんは，被買収企業または被合併企業の純資産額を上回る金額により買収または合併したことにより生じる超過収益力を表します。

　たとえば，純資産1億円の会社を1億5千万円で買収した場合は，5千万ののれんが発生します。

　のれんは，企業買収または合併のように有償で取得した場合に生じ，自己創設ののれんの場合は，その計上金額の測定に信頼性がもてないため資産として計上できません。

　被買収企業または被合併企業の純資産額を下回る金額により買収または合併したことにより生じるのれんは「負ののれん」として特別利益となります。

3. 無形固定資産の償却

(1) 法律上の権利

　特許権や商標権など法律上の権利は，その有効期間にわたって定額法で償却します。

　鉱山などで鉱物を採掘するための鉱業権については，定額法の他，生産高比例法による償却も認められています。借地権は非償却資産として減価償却は行われません。償却の記帳方法は直接法で行われます。

練習問題　9-1

　以下の取引の仕訳を示しなさい。

⑴　期首に商標権を1,000,000円で買い入れ，代金は現金で支払った。

⑵　決算日に上記の商標権を10年で償却した。

〈解答〉

(1)

借方		貸方	
商標権	1,000,000	現金	1,000,000

(2)

借方		貸方	
商標権償却	100,000	商標権	100,000

商標権償却：1,000,000÷10年

(2) 市場販売目的のソフトウェア

　販売目的のソフトウェアについては，ソフトウェアの性格に応じて最も合理的と考えられる減価償却の方法を採用し償却額を算定します。その合理的な方法として見込販売数量に基づく方法（または見込販売収益に基づく方法）があります。

　減価償却額の算定は以下のようになります。

$$\text{当事業年度の減価償却額} = \text{期首のソフトウェアの未償却残高} \times \frac{\text{当事業年度の実績販売数量（または実績販売収益）}}{\text{当事業年度期首における見込販売数量（または見込販売収益）}}$$

　上記の方法により算定された毎期の減価償却額は，残存有効期間（販売可能有効期間）に基づく均等配分額を下回ることはできません。すなわち，上記の方法により算定された減価償却額と残存有効期間に基づく均等配分額を比較し，いずれか大きい額を償却額とします。販売開始時の販売可能有効期間は，原則として，3年以内の年数とされます。3年を超える年数とするときには，合理的な根拠に基づくことが必要とされています。

```
┌─────────────────────┐   ┌─────────────────────┐
│見込販売数量（または見込販│   │残存有効期間に基づく     │
│売収益）に基づく減価償却額│   │均等配分額           │
└─────────────────────┘   └─────────────────────┘
```

```
┌─────────────────────────┐
│いずれか大きい額を償却額とする│
└─────────────────────────┘
```

　残存有効期間に基づく均等配分額は，ソフトウェアの期首未償却残高を残存有効期間で除して求められます。

練習問題　9-2

　無形固定資産として計上されたソフトウェアの制作費総額　　12,000円
　販売開始日における総見込販売数量　1,000個
　ソフトウェアの見込み有効期間　　　　　3年
　各年度の販売実績数量
　　1年目　　500個
　　2年目　　200個
　　3年目　　300個
　販売開始日の総見込販売数量に関して各年度の期首において変更はなかった。各年度の減価償却額を求めなさい。

〈解答〉
　1年目　減価償却額　　6,000円
　2年目　減価償却額　　3,000円
　3年目　減価償却額　　3,000円

	販売実績数量	期首の見込販売数量	見込販売数量に基づく減価償却額（A）	残存有効期間に基づく均等配分額（B）	減価償却額（A）と（B）のいずれか大きい額	ソフトウェアの未償却残高（帳簿価額）
計上時						12,000
1年目	500個	1,000個	6,000	4,000	6,000	6,000
2年目	200個	500個	2,400	3,000	3,000	3,000
3年目	300個	300個	3,000	3,000	3,000	0

　1年目：見込販売数量に基づく減価償却額：6,000円　　　$12,000円 \times \dfrac{500個}{1,000個}$

残存有効期間に基づく均等配分額：4,000円 　　　12,000円÷3年

2年目：見込販売数量に基づく減価償却額：2,400円 　　　$6,000円 \times \dfrac{200個}{500個}$

残存有効期間に基づく均等配分額：3,000円 　　　6,000円÷2年

(3) 自社利用目的のソフトウェア

自社利用目的のソフトウェアについては，その利用の実態に応じて最も合理的と考えられる減価償却方法を採用すべきですが，一般的には，定額法により償却するのが合理的と考えられています。そのため，合理的な利用可能期間は，ほとんどの企業が税務上の耐用年数の5年を用いて減価償却額を算定しています。耐用年数が5年の場合の減価償却額は以下のようになります。

各当事業年度の減価償却額＝ソフトウェアの取得価額÷5年

(4) のれん

のれんは，最長20年の範囲内で，効果が及ぶ期間と企業が判断する期間にわたって定額法で償却します。たとえば，のれんの金額が500,000円，効果が及ぶ期間を5年とする場合は，各期の償却額は100,000円（500,000円÷5）となります。仕訳は次のようになります。

借方		貸方	
のれん償却額	100,000	のれん	100,000

5. 繰延資産の償却

(1) 創立費

創立費とは，会社設立のために支出した費用のことです。会社設立の登記をする際の登録免許税や定款作成の費用などが創立費に該当します。創立費は，原則として，支出時に費用処理されます（営業外費用として処理します）。

114

ただし，繰延資産として計上することもでき，この場合は会社の成立のときから5年以内のその効果の及ぶ期間にわたって定額法により償却します。

(2) 開業費

　開業費とは，会社設立以降事業を開始するまでの開業準備費用のことです。広告費，使用人の給与・研修費用など開業準備のために直接支出したものが開業費に該当します。開業費は，原則として，支出時に費用処理されます（原則として，営業外費用として処理します）。ただし，繰延資産として計上することもでき，この場合は開業のときから5年以内のその効果の及ぶ期間にわたって定額法により償却します。また，開業費（繰延資産として計上された場合の償却費を含む。）は販売費及び一般管理費として処理することもできます。

(3) 株式交付費

　株式交付費とは，新株発行または自己株式の処分に係る費用で株式募集広告費，金融機関に支払う手数料，目論見書等の印刷費などが株式交付費に該当します。株式交付費は，原則として，支出時に費用処理されます（原則として，営業外費用として処理します）。ただし，企業規模の拡大等のための資金調達などの財務活動に係る株式交付費は，繰延資産として計上することができ，この場合は株式交付の時から3年以内のその効果の及ぶ期間にわたって定額法により償却します。株式の分割や株式無償割当てなどに係る費用は繰延資産に該当せず，支出時に費用処理されます。これらの株式交付費は，販売費及び一般管理費として処理することもできます。

(4) 社債発行費

　社債発行費とは，社債の発行にあたり直接支出した費用で社債募集のための広告費，金融機関の手数料，印刷費などが社債発行費に該当します。つまり，社債を発行するために支出した費用のことです。社債発行費は，原則として，支出時に費用処理されます（営業外費用として処理します）。ただし，繰延資産として計上することもでき，この場合は社債の償還までの期間にわ

たり利息法により償却します。また，継続適用を条件に定額法により償却することもできます。

(5) 開発費

開発費とは，新技術または新経営組織の採用等，資源の開発または市場の開拓等，生産能率の向上または生産計画の変更等により，特別に支出した費用をいい，経常的に行われる開発に係る費用は含まれません。開発費は，原則として，支出時に費用処理されます（売上原価または販売費及び一般管理費として処理します）。ただし，繰延資産として計上することもでき，この場合は支出の時から5年以内のその効果の及ぶ期間にわたって，定額法その他の合理的な方法により償却します。なお，企業会計審議会が公表した「研究開発費等に係る会計基準」の対象になる研究開発費は，発生時に費用処理されます。

繰延資産は，その効果が期待できなくなった場合は，一時に償却しなければなりません。

繰延資産の償却の仕訳は，たとえば，創立費を資産計上した場合，次のようになります。

借方		貸方	
創立費償却	×××	創立費	×××

第10章 税金と税効果会計

1. 税金の意義と範囲

　税金は，すべての企業（非営利法人は除く）および個人にかかわる項目です。

　税金の種類は，(1)収益（利益）に課せられる税金，(2)資産の保有に課せられる税金，(3)財やサービスの消費に課せられる税金，(4)その他の税金に分けることができます。また，国に治める税金（国税）と都道府県・市町村に治める税金（地方税）があります。

(1) 収益（利益）に課せられる税金

　収益（利益）に課せられる税金には，個人所得税，法人税，住民税，事業税などがあります。このうち，企業に課せられる税金は法人税，住民税，事業税になります。

(2) 資産の保有に課せられる税金

　所有する財産に課せられる税金です。主なものとして固定資産税があります。固定資産税とは，所有している固定資産に対する税金で土地，建物などの固定資産税の評価額に応じて支払う（納付する）ことになります。財産に課せられる税金なので赤字でも支払う必要があります。

(3) 財やサービスの消費に課せられる税金

　消費した額に応じて課税される税金です。代表的なものとして消費税があります。消費税は，消費者が負担し事業者が納付する税金です。消費税は教育や福祉等の一部のサービスを除いて，ほぼすべての国内の物品の販売やサービスの提供に課税されます。

たとえば，商品8,000円（税抜）を仕入れ，10,000円（税抜）で販売した。商品の仕入に係る消費税（10%）800円を含む8,800円を仕入先に現金で支払い，顧客から販売に係る消費税1,000円を含む11,000円を現金で受け取った。この場合，消費税として納める（納付する）金額は200円（1,000円－800円）となり，仕訳は，次のようになります。

仕入時

借方		貸方	
仕入	8,000	現金	8,800
仮払消費税	800		

売上時

借方		貸方	
現金	11,000	売上高	10,000
		仮受消費税	1,000

未払消費税（納付する消費税）

借方		貸方	
仮受消費税	1,000	仮払消費税	800
		未払消費税	200

(4) その他の税金

その他の税金として，手形，契約書等に課せられる税金，たとえば，印紙税，登録免許税等があります。

2. 収益（利益）に課せられる税金の算定と表示

収益（利益）に課せられる税金は「一般に公正妥当と認められる企業会計の基準」に基づいて算定された収益（利益）を基に税法に規定された一定の調整を行い，課税所得を算定します。税額は課税所得に税率を乗じて計算さ

れます。

　税金に関する財務諸表の表示区分と表示科目は以下のようになります。

課税対象	財務諸表	表示区分	表示科目
収益（利益）	貸借対照表	流動負債	未払法人税等
	損益計算書	—	法人税，住民税及び事業税
資産	損益計算書	販売費及び一般管理費	租税公課
消費	貸借対照表	流動資産	未収消費税等
		流動負債	未払消費税等

　租税公課とは，国税や地方税などの税金である「租税」と，国や公共団体
などに対する交付金や会費などの公的な課金である「公課」をあわせた勘定
科目であり，租税には，登録免許税，印紙税，固定資産税，不動産取得税が
あり，公課には，印鑑証明書や住民票の発行手数料，その他公共サービスに
対する手数料があります。

3. 税金の納付

　法人税，住民税および事業税は決算日の翌日から2ヶ月以内に申告・納付
をしなければなりません。たとえば，3月31日が決算日の場合は5月31日が
申告期限になります。一定の条件のもとでは「申告期限の延長の特例」とい
う手続があり，申告の提出期限を1ヶ月間延長することができます。ただし，
税金の納付は決算日から2ヶ月以内に見込納付をしなければなりません。事
業年度が1年の企業は事業年度開始後6ヶ月を経過した日から2ヶ月以内に
中間申告をする必要があります。中間申告は以下の2通りの方法があり，そ
の都度選択できます。

　・前事業年度の法人税の2分の1を納付する方法
　・仮決算により納付する方法

中間申告で納付した税額は，仮払法人税等の勘定科目が用いられ，年度末の申告で納税額が確定した際に，仮払法人税等との差額を追加で納付する場合は未払法人税等，還付される場合は未収還付法人税等の勘定科目が用いられます。

練習問題　10-1

当社（決算日3月31日）は，20X1年11月30日に法人税，住民税および事業税の中間申告を行い，500,000円を現金で納付した。決算日の確定決算で，法人税，住民税および事業税の納付が850,000円と算定された。20X2年5月31日に中間申告で仮払いした納付額との差額を当座預金から支払った。20X1年11月30日，20X2年3月31日および20X2年5月31日の仕訳を示しなさい。

〈解答〉

11月30日（中間納付時）

借方		貸方	
仮払法人税等	500,000	現金	500,000

3月31日（決算日）

借方		貸方	
法人税，住民税及び事業税	850,000	仮払法人税等	500,000
		未払法人税等	350,000

5月31日（支払日）

借方		貸方	
未払法人税等	350,000	当座預金	350,000

4. 税効果会計の意義

投資家や債権者等の利害関係者への適切な情報提供を目的とする企業会計上の税引前当期利益と，課税の公正性を目的とする課税所得との間には，一般的には差異が発生します。この差異は，企業会計上の費用・収益および資

産・負債と税務上認識される費用・収益（損金・益金）および資産・負債の期間のズレまたは金額の差異により発生します。この差異を調整するために税金費用の期間配分が行われることを税効果会計といいます。税効果会計の会計処理は，主として，企業会計審議会が公表した「税効果会計に係る会計基準」，企業会計基準適用指針第28号「税効果会計に係る会計基準の適用指針」および企業会計基準適用指針第26号「繰延税金資産の回収可能性に関する適用指針」に規定されています。

　税効果会計を適用しない場合の損益計算書と適用する場合の損益計算書の例は，以下のようになります。

　20X2年に不良債権1,000円に対して500円の貸倒引当金（すべて有税引当[11]）を設定しました。20X2年および20X3年の法定実効税率[12]は30％とします。20X3年に上記不良債権に対する500円の貸倒引当金が不良債権の売却によって税務上認容されました。20X2年および20X3年の税引前当期純利益は，それぞれ2,000円および1,000円とします。

〈税効果会計を適用しない場合の損益計算書〉

損益計算書

	20X2年	20X3年
	—	—
	—	—
税引前当期純利益	2,000	1,000
法人税，住民税及び事業税	750	150
当期純利益	1,250	850
（税引前当期純利益に対する税金費用の割合）	(37.5%)	(15%)
	(750÷2,000)	(150÷1,000)

---

[11] 有税引当とは，会計上は費用（経費）として処理したが，税務上では，経費（損金）として認められず，損失が確定した段階で，税務上経費（損金）とすることができる項目です。

[12] 法定実効税率とは，法人税，法人住民税や法人事業税のうち，利益を課税標準とする部分を考慮した利益に対する実質的な税金負担の税率をいいます。法定実効税率の基本算式は次のとおりです。

$$法定実効税率 = \frac{法人税率×（1＋地方法人税率＋住民税率）＋事業税率}{1＋事業税率}$$

〈課税所得の算定と納税額〉

	20X2年	20X3年
税引前当期純利益	2,000	1,000
加算 (貸倒引当金損金算入限度超過額[13])	500	—
減算 (貸倒引当金認容)	—	(500)
課税所得	2,500	500
納税額 (税率30%)	750	150

〈税効果会計を適用する場合の損益計算書〉

	20X2年	20X3年
	—	—
	—	—
税引前当期純利益	2,000	1,000
法人税, 住民税及び事業税	750	150
法人税等調整額	(150)	150
差引 (又は計)	600	300
当期純利益	1,400	700
(税引前当期純利益に対する税金費用の割合)	(30%)	(30%)
	(600÷2,000)	(300÷1,000)

　上記の例のように税効果会計を適用しない場合は，税引前当期純利益と税金費用 (法人税，住民税および事業税) の割合は，20X2年度は37.5％，20X3年度は15％となります。20X2年度は税金費用の負担割合が大きく，20X3年度は小さくなり投資家の判断を誤らせることにもなります。すなわち，20X2年度に費用処理した貸倒引当金の計上額は，税務上は貸倒引当金損金算入限度超過額として損金処理が認められなかったため，課税所得の算定上，企業会計上の税引前当期純利益2,000円に500円が加算され，20X3年度に不良債権の売却により損金処理が認められたため課税所得から減算されました。

　税効果会計を適用する場合は，20X2年度および20X3年度とも税金費用の負担割合は30％となり，会社が本来負担すべき税金費用が適切に財務諸表で

13) 損金算入限度超過額とは，税法で認められた繰入限度額を超過する金額をいい，実際に損失が生じたときに損金として認められるものです。

表示されます。すなわち，税効果会計を適用すると，20X2年度に課税所得に加算された貸倒引当金に課せられた税金（500×30％＝150）は，翌期以降，税務上減算が認められる場合には，減算が認められる年度の税金から減額されます。したがって，20X2年に納付した貸倒引当金に係る税金は前払税金のような性質を有することになります。このような企業会計上と税務上の認識期間の違いより発生する差異を「一時差異」といいます。

5．繰延税金資産および繰延税金負債

　一時差異には，当該一時差異が解消する期（一時差異が税務上認められる期）に，その期の課税所得を減額する効果をもつ差異（"将来減算一時差異"といいます）と当該一時差異が解消した期に，その期の課税所得を増額する効果をもつ差異（"将来加算一時差異"といいます）があります。前者の一時差異に対して「繰延税金資産」，後者の一時差異に対して「繰延税金負債」が計算されます。前述のように繰延税金資産は前払税金，繰延税金負債は未払税金の性質を有するものです。一時差異に該当しない差異は永久差異といわれ，将来の課税所得の計算上，課税所得を増額または減額させる効果を有さないため一時差異には該当しません。

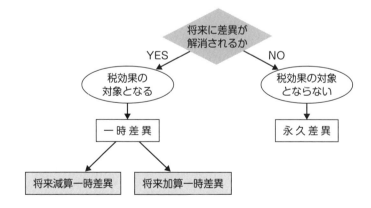

将来減算一時差異・将来加算一時差異及び永久差異の具体例

一時差異		永久差異
将来減算一時差異	将来加算一時差異	
税務上認められない評価損 （棚卸資産評価損等） 貸倒引当金損金算入限度超過額 減価償却繰入超過額 退職給付引当金 賞与引当金 税務上の繰越欠損金(注)	積立金方式による 圧縮積立金	交際費等の損金不算入額 受取配当金の益金不算入額

（注）税務上の繰越欠損金は，税務上の赤字であり翌事業年度以降に繰越することができ，将来の黒字（課税所得）と相殺し課税所得を減額する効果があります。したがって，繰越欠損金は，一時差異に準じるものとして取り扱われます。

　一時差異は，会計上の資産または負債の金額と税務上の資産または負債の金額との間に差異がある場合に生じます。たとえば，企業会計上で，期末に賞与引当金10,000円および期末棚卸資産残高20,000円に対し棚卸資産評価損20,000円を計上しましたが，課税所得の計算上，両項目の損金算入が認められない場合，企業会計上の貸借対照表は，賞与引当金10,000円が計上され，棚卸資産は0円となります。一方，税務上の貸借対照表は賞与引当金が0円となり，棚卸資産20,000円となります。

項目	会計上の金額	税務上の金額	一時差異	
賞与引当金	10,000	0	10,000	課税所得を増額させる
棚卸資産	0	20,000	20,000	
合計			30,000	

　上記の例は，賞与引当金および棚卸資産評価損を計上したときの課税所得を増額させることになり繰延税金資産となります。企業会計上の資産および負債と税務上の資産および負債の差異に係る繰延税金資産と繰延資産負債の関係は，以下のようにまとめられます。

　　　　企業会計上の資産 ＞ 税務上の資産 ➡ 繰延税金負債
　　　　企業会計上の資産 ＜ 税務上の資産 ➡ 繰延税金資産
　　　　企業会計上の負債 ＞ 税務上の負債 ➡ 繰延税金資産
　　　　企業会計上の負債 ＜ 税務上の負債 ➡ 繰延税金負債

　繰延税金資産および繰延税金負債は一時差異に法定実効税率を乗じて算定します。

繰延税金資産＝将来減算一時差異及び税務上の繰越欠損金×法定実効税率[注]

繰延税金負債＝将来加算一時差異×法定実効税率[注]

(注)　繰延税金資産又は繰延税金負債の金額は，回収又は支払が見込まれる期の税率（その税効果が実現する期の税率）に基づいて算定されます。回収または支払が見込まれる期の税率とは，決算日における税法規定に基づく税率であり，改正税法が当該決算日までに交付されており，将来の税率が確定している場合は改正後の税率が適用されます。

　貸借対照表に計上された繰延税金資産および繰延税金負債の期首と期末の残高の差額が，「法人税等調整額」という勘定科目を用いて損益計算書において計上されます。繰延税金資産および繰延税金負債は，貸借対照表において「投資その他の資産」および「固定負債」に区分表示されます。

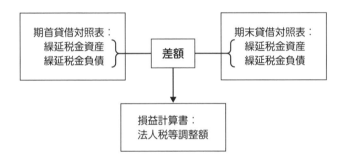

　ただし，資産または負債の評価替えにより生じた評価差額を直接，純資産の部に計上する場合（たとえば，その他有価証券評価差額金を純資産の部に計上する場合）は，当該評価差額に係る繰延税金資産または繰延税金負債の金額を当該評価差額から直接控除します。たとえば，その他有価証券の取得原価が10,000円であり，期末の時価が12,000円の場合，評価差額は2,000円となります。税率が30％の場合の仕訳は，次のようになります。

借方		貸方	
その他有価証券	2,000	その他有価証券評価差額金	1,400
		繰延税金負債	600

上記の仕訳を分解すれば

借方		貸方	
その他有価証券	2,000	その他有価証券評価差額金	2,000
その他有価証券評価差額金	600	繰延税金負債	600

　その他有価証券評価差額金（税効果適用前）2,000円から，この評価差額に対する繰延税金負債600円（2,000円×30％）を直接控除します。その他有価証券評価差額金が貸方にあるため企業会計上は評価差益となりますが，税務上は，評価差益は計上されず，当該差益が実現した期に課税所得に加算されることになるため繰延税金負債が計上されます。

　繰延税金資産および繰延税金負債は，将来の課税所得を減額または増額する効果を有する場合に計上が認められ，効果を有しない場合は，計上はできません。

練習問題　10-2

　20X1年度の税引前当期純利益が10,000円，20X2年度の税引前当期純利益が15,000円の場合，20X1年度末に貸倒引当金500円および棚卸資産20,000円のうち，棚卸資産評価損1,500円を計上したが，課税所得算定上は損金算入が認められなかった。20X2年度末に貸倒引当金300円および棚卸資産25,000円のうち，棚卸資産評価損2,000円を計上したが，課税所得算定上は損金算入が認められなかった。20X1年度および20X2年度の課税所得と納税額は以下のとおりである。法定実効税率は30％とする。この場合の繰延税金資産の金額と法人税等調整額の金額を算定し，20X1年度および20X2年度の仕訳を示しなさい。繰延税金資産に係る一時差異は，将来の課税所得を減額する効果を有する。

〈課税所得の算定と納税額〉

	20X1年度	20X2年度
税引前当期純利益	10,000	15,000
加算：		
（貸倒引当金繰入超過額）	500	300
（棚卸資産評価損の損金不算入）	1,500	2,000
減算：		
（貸倒引当金繰入超過額の認容）	—	500
（棚卸資産評価損の認容）	—	1,500
課税所得	12,000	15,300
納税額（税率30%）	3,600	4,590

〈解答〉

〈繰延税金資産または繰延税金負債の算定〉

20X1年度（会計上と税務上の貸借対照表価額）

項目	会計上の金額	税務上の金額	一時差異
貸倒引当金	500	0	500
棚卸資産	18,500	20,000	1,500
合計			2,000
		（税率）30%	
繰延税金資産			600

20X2年度（会計上と税務上の貸借対照表価額）

項目	会計上の金額	税務上の金額	一時差異
貸倒引当金	300	0	300
棚卸資産	23,000	25,000	2,000
合計			2,300
		（税率）30%	
繰延税金資産			690

90 期首と期末の差額（法人税等調整額）

20X1年度の仕訳

借方		貸方	
繰延税金資産	600	法人税等調整額	600

20X2年度の仕訳

借方		貸方	
繰延税金資産	90	法人税等調整額	90

20X1年および20X2年度の損益計算書は以下のようになります。

	20X1年	20X2年
	—	—
	—	—
税引前当期純利益	10,000	15,000
法人税, 住民税及び事業税	3,600	4,590
法人税等調整額	(600)	(90)
差引（または計）	3,000	4,500
当期純利益	7,000	10,500
（税引前当期純利益に対する税金費用の割合）	(30%)	(30%)
	(3,000÷10,000)	(4,500÷15,000)

20X1年および20X2年度の貸借対照表は以下のようになります。

資産の部	20X1年	20X2年
流動資産		
固定資産		
投資その他の資産		
繰延税金資産	600	690

第 11 章

退職給付会計

1. 退職給付の意義と範囲

　退職給付とは，従業員が一定期間労働を提供したことなどにより，退職以後に支給される給付のことです。日本の退職給付制度は国が運営する年金制度（公的年金）と企業等により運営されている退職給付制度および個人が任意で加入する年金（私的年金）の大きく2種類に分けることができます。そのうち，企業等による退職給付制度には「退職一時金制度」と「企業年金制度」があります。公的年金と私的年金の関連は下図のようになっています。

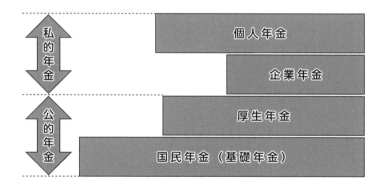

　私的年金は大きく分けると「確定拠出制度」と「確定給付制度」の2種類があります。「確定拠出制度」とは，一定の掛金を外部に積み立て，事業主である企業が当該掛金以外に退職給付に係る追加的な拠出義務を負わない退職給付制度をいいます。「確定給付制度」とは，確定拠出制度以外の退職給付制度をいい，従業員が受け取る給付額があらかじめ約束されている企業年金です。したがって，事業主（企業）が運用の責任を負い運用結果が悪ければ，企業が不足分を追加的に拠出する義務を負います。

2. 退職給付の会計処理

(1) 退職給付引当金

　退職給付は，退職一時金や退職年金といった従業員の退職にともなって支給される退職金で，企業にとって，退職給付は従業員に対する負債と考えられます。従業員の勤務年数の増加にともない，企業の退職給付の支払見込額は年々増加します。会計上は，このような実態を毎期の貸借対照表および損益計算書に適切に反映する必要がありますが，退職給付は実際の支払額が確定するまでに時間を要するため，毎期の負担額を正確に把握することは困難であるといえます。そこで，毎期の退職給付の負担額を合理的に見積るために，一定の方法が考えられました。この方法が退職給付会計です。退職給付の性格に関して，賃金後払説，功績報償説，生活保障説といった考え方がありますが，退職給付に関する会計基準では，退職給付は基本的に労働協約等に基づいて従業員が提供した労働の対価として支払われる賃金の後払いであると捉えています。退職給付は支出までに相当の期間があることから，退職給付債務の算定は，時間価値を考慮して割引計算を行う必要があります。退職一時金も退職給付会計の対象となります。確定拠出制度では，企業は退職給付に係る追加的な拠出義務を負わないため要拠出額が退職給付費用として処理されます。

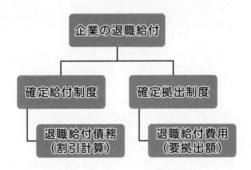

　退職給付の会計処理は，主として，企業会計基準第26号「退職給付に関する会計基準」および企業会計基準適用指針第25号「退職給付に関する会計基

準の適用指針」に規定されています。

(2) 退職給付引当金の認識

　退職金規程等に基づく退職金制度がある企業では，従業員の役務提供の後払いの対価として，将来の退職金支給に備えて引当金を計上する必要があり，これを「退職給付引当金」といいます。退職給付引当金は，①将来の特定の費用であり，②過去の勤務という事象に起因している，③将来の支払の可能性が高い，④退職金規程等で金額が合理的に見積ることができるという引当金の要件をすべて満たしているため，貸借対照表において負債として計上しなければなりません。企業は将来の退職給付にあてるため社外に資産を積み立てることがあります。この資産を年金資産といいます。退職給付の支払いに関して，退職給付の全額（または一部）が年金資産から支払われる場合と年金資産がなく退職給付の支払いを社内で引き当てた退職給付引当金を取り崩して行う場合があります。当期の退職給付費用の発生額が100,000円，年金資産への拠出額100,000円および退職者に対する退職給付50,000円を現金預金で支払った場合，仕訳は次のようになります。

〈年金資産があり退職給付の全額が年金資産から支払われる場合〉
　退職給付費用の認識

借方		貸方	
退職給付費用	100,000	退職給付引当金	100,000

　現金預金100,000円を年金資産に拠出した時

借方		貸方	
退職給付引当金	100,000	現金預金	100,000

　退職給付50,000円を現金預金で支払った時
　　　仕訳

借方	貸方
仕訳なし	

年金資産から全額支払われるため企業では現金の支払いは発生しません。

〈年金資産がなく退職給付引当金を取り崩す場合〉

　年金資産がないため，上記の年金資産に拠出した時の仕訳（借方）退職給付引当金100,000円，（貸方）現金預金100,000円の仕訳は行われません。

　退職給付費用の認識

　　　　仕訳

借方		貸方	
退職給付費用	100,000	退職給付引当金	100,000

退職給付50,000円を現金預金で支払った時

　　　　仕訳

借方		貸方	
退職給付引当金	50,000	現金預金	50,000

　退職給付の支払いにより退職給付引当金の負債が減少します。

3．退職給付債務の算定

　退職給付引当金の金額は，決算日において退職給付債務および年金資産の算定が必要になります。算定された退職給付債務から年金資産の額を控除した額が退職給付引当金となります。

年金資産[注]	退職給付債務
退職給付引当金（負債）	

（注）年金資産とは，従業員への退職給付の支払いのためだけに使用することを目的として，年金基金等の企業外部に積み立てられた資産をいいます。年金基金等は，企業からの拠出金を元本として株式や債券により運用を行い，従業員が退職した際に直接，退職給付を従業員に支払います。また，決算日における年金資産の金額は，決算日の公正な評価額（時価）で評価されます。年金資産は次のすべてを満たす特定の資産をいいます。
　(1)　退職給付以外に使用できないこと。
　(2)　事業主および事業主の債権者から法的に分離されていること。
　(3)　積立超過分を除き，事業主への返還，事業主からの解約・目的外の払出し等が禁止されていること。
　(4)　資産を事業主の資産と交換できないこと。

　退職給付債務は，退職により見込まれる退職給付の総額（退職給付見込額）のうち，当期末までに発生していると認められる額を割引計算したものです。

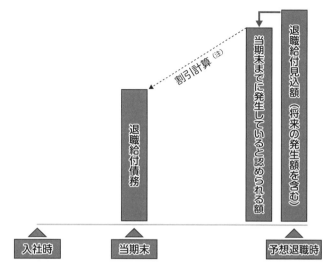

（注）退職給付債務の計算における割引率は，安全性の高い債券（国債，政府機関債および優良社債等）の利回りを基礎として決定します。

　当期末までに発生していると認められる額を算定する方法（期間帰属方法）には，次の2つの方法があります。いずれの方法も認められていますが，継続適用が要求されます。

⑴　退職給付見込額を全勤務期間で除した額を各期の発生額とする方法（期間定額基準）

　たとえば，ある従業員が57歳で勤続35年，3年後に退職すると仮定します。3年後の退職給付見込額が2,000万円とします。割引率を1％とした場合，期間定額基準では，当期末の退職給付債務は以下のように計算できます。

$$20{,}000{,}000（退職給付見込額）\times \frac{35（現在までの勤務年数）}{38（予想退職時までの勤務年数）} \div (1+0.01)^3 = 17{,}879{,}292$$

　上記の例は，退職給付見込額を予想退職時までの総勤続年数で除して当期末まで発生していると認められる額を計算し，その現在価値を求めたものです。

(2) 退職給付制度の給付算定式に従って各勤務期間に帰属させた給付に基づき見積った額を，退職給付見込額の各期の発生額とする方法（給付算定式基準）

たとえば，ある従業員が57歳で勤続35年，3年後に退職すると仮定します。3年後の退職給付見込額が2,000万円とし，退職給付制度の給付算定式に従って計算された現在までに発生していると認められる給付額を1,500万円とします。割引率を1％とした場合，給付算定式基準では，当期末の退職給付債務は以下のように計算できます。

$$\frac{15,000,000}{(1+0.01)^3} = 14,558,852$$

4. 退職給付費用

退職給付費用とは，退職給付に係る当期の費用として認識される金額をいいます。退職給付費用は「勤務費用」「利息費用」「期待運用収益」「数理計算上の差異に係る当期の費用処理額」および「過去勤務費用に係る当期の費用処理額」から構成されます。

勤務費用 利息費用	期待運用収益
	退職給付費用
（＋）（－）数理計算上の差異に係る 当期の費用処理額	
（＋）（－）過去勤務費用に係る 当期の費用処理額	

(1) 勤務費用

　勤務費用とは，従業員の労働に対して当期の退職給付債務を増加させる費用をいいます．したがって，勤務費用の計算は退職給付見込額のうち当期に発生したと認められる額を割引計算します．

(2) 利息費用

　利息費用とは，期首における退職給付債務に対する利息で，期末までの時の経過により発生する計算上の費用です．退職給付債務は退職時に支給が見込まれる退職給付を残存勤務期間に基づいて割り引いて計算しているため，退職給付債務は一種の割引債と考えられます．利息費用は期首の退職給付債務に割引率を乗じて算定します．

利息費用＝期首退職給付債務×割引率

(3) 期待運用収益

　期待運用収益とは，年金資産の運用によりもたらされると期待される収益をいい，年金資産を増加させ将来の退職給付の支払原資となります．この収益は退職給付費用から控除します．期待運用収益は，期首の年金資産の額に合理的に期待される収益率（長期期待運用収益率）を乗じて算定します．

期待運用収益＝期首年金資産額×長期期待運用収益率

　長期期待運用収益率は，年金資産が退職給付の支払にあてられるまでの時期，保有している年金資産のポートフォリオ，過去の運用実績，運用方針および市場の動向等を考慮して設定されます．

(4) 数理計算上の差異に係る費用処理額

　年金資産の期待運用収益および退職給付債務は一定の前提のもとで算出しています．そのため，この前提の数値と実際の数値との間に差異が発生します．この差異を数理計算上の差異といいます．数理計算上の差異は，①年金資産の期待運用収益と実際の運用成果との差異，②退職給付債務の数理計算

に用いた見積数値と実績との差異，③退職給付債務の算定に使用された見積数値の変更（計算基礎の変更）等により発生します。数理計算上の差異のうち，当期に費用処理される部分は退職給付費用の一部となり，当期末時点で費用処理されていない部分を「未認識数理計算上の差異」といいます。この未認識数理計算上の差異は，個別財務諸表上では計上されず，次期以降において償却計算されます。数理計算上の差異は次の方法で償却計算が行われます。いずれの方法も認められていますが，継続適用が要求されます。

- 平均残存勤務期間（予想される退職時から現在までの平均的な期間）以内の一定の年数にわたって償却する（遅延認識）
- 発生年度で一括償却する（即時認識）

〈上記①の場合（期待運用収益と実際の運用成果との差異）〉

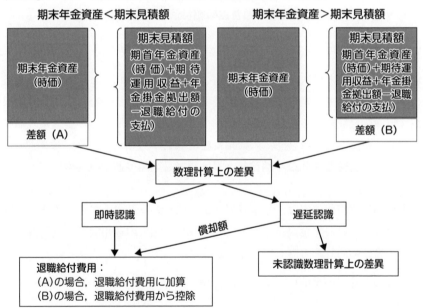

②および③の場合も同様に，見積数値と実績数値の差異および変更前数値と変更後数値の差異は，遅延認識または即時認識のいずれかの方法で会計処理が行われます。

(5) 過去勤務費用に係る費用処理額

　過去勤務費用とは，退職給付水準の改訂等により発生した退職給付債務の増加または減少部分をいい，改訂前の退職給付債務と改訂時における退職給付債務との差額を意味します。過去勤務費用のうち，当期に費用処理される部分は退職給付費用に加算され，当期末時点で費用処理されていない部分を「未認識過去勤務費用」といいます。この未認識過去勤務費用も数理計算上の差異と同様に，個別財務諸表上では計上されず，次期以降において償却計算されます。過去勤務費用の償却計算は，数理計算上の差異の償却計算と同様の方法が選択適用できます。

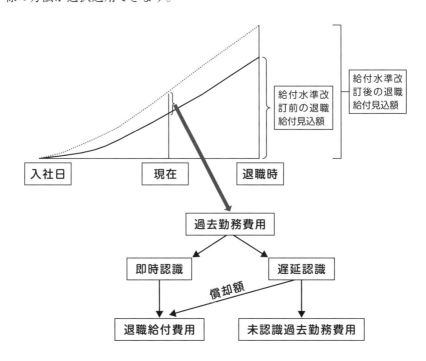

5. 未認識数理計算上の差異および未認識過去勤務費用の個別財務諸表および連結財務諸表の取り扱い

(1) 個別財務諸表

　数理計算上の差異または過去勤務費用が発生した場合，個別貸借対照表における退職給付引当金は退職給付債務から年金資産の額を控除し，未認識数理計算上の差異および未認識過去勤務費用を加減算した額を退職給付引当金として負債に計上します。

退職給付引当金
＝退職給付債務－年金資産±未認識数理計算上の差異±未認識過去勤務費用

(2) 連結財務諸表

　連結貸借対照表における未認識数理計算上の差異および未認識過去勤務費用の扱いは，個別財務諸表と異なり，未認識数理計算上の差異および未認識過去勤務費用は負債として計上されます。この場合，連結財務諸表における表示科目は，退職給付引当金ではなく「退職給付に係る負債」が用いられ，相手勘定の表示科目は「退職給付に係る調整額」が用いられます。退職給付に係る調整額はその他の包括利益の項目となり，税効果の対象となります。

【補足資料】退職給付引当金と退職給付費用の関連（図解）

　具体例を用いて退職給付引当金と退職給付費用の関連を図表（退職給付分析表）で示せば，以下のようになります。

①期首における退職給付債務および年金資産の状況（期首においては，数理計算上の差異および過去勤務費用は発生していない）

退職給付債務	2,000万円
年金資産	1,000万円

②当期の年金費用と年金掛金拠出額（当期に退職給付の支払いはなかった）

勤務費用	200万円

利息費用（割引率－2％）　　　　　　　40万円（2,000万円×2％）

期待運用収益（長期期待運用収益率－2％）　20万円（1,000万円×2％）

年金掛金拠出額（現金で拠出）　　　　　200万円

③当期末の退職給付債務および年金資産の状況

退職給付債務（当期末に新たに算定した額）2,400万円

年金資産の時価　　　　　　　　　　　　1,210万円

④数理計算上の差異の会計処理

　数理計算上の差異の発生額は翌年から費用処理する。なお，過去勤務費用は発生していない。

退職給付分析表　　　　　　　　（単位：万円）

	退職給付積立状況			オフ・バランス状況 （未認識の状況）	会計帳簿借方 （貸方）	
	退職給付 債務	年金 資産	積立状況 （未積立）	未認識数理 計算上の差異	退職給付 引当金	退職給付 費用
期首残高	(2,000)	1,000	(1,000)	—	(1,000)	—
勤務費用	(200)	—	(200)	—	—	200
利息費用	(40)	—	(40)	—	—	40
期待運用収益	—	20	20	—	—	(20)
年金掛金拠出	—	200	200	—	200	—
数理計算上の差異（差額）	(160)	(10)	(170)	170	—	—
退職給付費用	—	—	—	—	(220)◀━━	220
期末残高	(2,400)	1,210	(1,190)	170	(1,020)	

出所：Ernst & Whinneyの出版物Employer's Accounting for Pensionをもとに筆者が作成

　上記の退職給付に関する仕訳は次のようになります。

退職給付費用の仕訳

借方		貸方	
退職給付費用	220	退職給付引当金	220

年金掛金拠出の仕訳（現金預金で拠出）

借方		貸方	
退職給付引当金	200	現金預金	200

数理計算上の差異は翌年から償却計算が行われ，翌年の償却額が退職給付費用の一部になります。

　上記の例を用いて連結財務諸表における会計処理を示せば以下のようになります。

個別貸借対照表の退職給付引当金勘定を連結貸借対照表の退職給付に係る負債勘定に振り替える仕訳

借方		貸方	
退職給付引当金	1,020	退職給付に係る負債	1,020

未認識数理計算上の差異（170万円）を加算する仕訳

借方		貸方	
退職給付に係る調整額 （その他の包括利益）	170	退職給付に係る負債	170

税効果は考慮していません。

応用問題②　退職給付会計

(1) 退職給付費用の算定

　次の資料により，退職給付費用を算定し，当期の仕訳を示しなさい。なお，会計期間は1年，当期は20X1年4月1日から20X2年3月31日とする。

　［資料1］期首退職給付債務100,000円，期首年金資産の時価 45,000円

　［資料2］割引率3％，長期期待運用収益率2％

　［資料3］当期勤務費用12,000円，

〈解答〉

借方		貸方	
退職給付費用	14,100	退職給付引当金	14,100

退職給付費用：14,100円（12,000円＋3,000円－900円）
勤務費用：12,000円
利息費用：3,000円（100,000円期首退職給付債務×3％割引率）
期待運用収益：900円（45,000円期首年金資産×2％長期期待運用収益率）

(2) 未認識数理計算上の差異および未認識過去勤務費用の償却計算

　上記の問題に次の資料を追加した場合に退職給付費用を算定し，当期の仕訳を示しなさい。

［資料1］期首未認識数理計算上の差異1,800円（実績数値が見積数値を下回っている）
　　　　　（前期より10年で費用処理している）

［資料2］期首未認識過去勤務費用2,700円（退職給付水準の改訂により，退職給付見込み額が増加した）（前期より10年で費用処理している）

［資料3］当期においては，数理計算上の差異及び過去勤務費用は発生していない。

〈解答〉

借方		貸方	
退職給付費用	14,600	退職給付引当金	14,600

退職給付費用：14,600円（12,000円＋3,000円－900円＋200円＋300円）
勤務費用：12,000円
利息費用：3,000円（100,000円期首退職給付債務×3％割引率）
期待運用収益：900円（45,000円期首年金資産×2％長期期待運用収益率）
数理計算上差異の償却：200（1,800÷9年　残存償却年数）
過去勤務差異の償却：300（2,700÷9年　残存償却年数）

(3) 退職給付費用と退職給付引当金の計算と仕訳

次の資料により，①退職給付費用，②退職給付引当金を算定し，当期の仕訳を示しなさい。なお，会計期間は1年，当期は20X1年4月1日から20X2年3月31日とする。

[資料1] 期首退職給付債務100,000円，期首年金資産の時価45,000円，期首退職給付引当金 50,500円

[資料2] 期首未認識数理計算上の差異1,800円（前期より10年で費用処理している）
期首未認識過去勤務費用2,700円（前期より10年で費用処理している）

[資料3] 割引率3％，長期期待運用収益率2％

[資料4] 当期勤務費用12,000円，当期年金掛金拠出額4,000円（当座預金）当期退職給付支給額6,000円（当座預金）（支給内訳：退職一時金5,000円，年金資産からの支給1,000円）

[資料5] 当期末退職給付債務110,000円（当期末に新たに見積りし直した額である）

[資料6] 当期末年金資産の時価48,000円

[資料7] 当期に発生した数理計算上の差異は，当期から10年で費用処理する。

〈解答〉

借方		貸方	
退職給付費用	14,790	退職給付引当金	14,790
退職給付引当金	5,000	当座預金	5,000
退職給付引当金	4,000	当座預金	4,000

〔退職給付分析表〕

	退職給付積立状況			オフ・バランス状況 (未認識の状況)		会計帳簿 借方(貸方)	
	退職給付 債務	年金資産	積立状況 (未積立)	数理計算 上の差異	過去勤務 費用	退職給付 引当金	退職給付 費用
20X1年4月1日	(100,000)	45,000	(55,000)	1,800	2,700	(50,500)	
勤務費用	(12,000)		(12,000)				12,000
利息費用	(3,000)		(3,000)				3,000
期待運用収益		900	900				(900)
退職給付支払 (一時金)	5,000		5,000			5,000	
退職給付支払 (年金)	1,000	(1,000)					
年金掛金拠出額		4,000	4,000			4,000	
数理計算上の差異 の償却(前期に発生)				(200)			200
過去勤務費用の償却 (前期に発生)					(300)		300
数理計算上の差異 の当期発生(差額)	(1,000)	(900)	(1,900)	1,900			
数理計算上の差異 の償却(当期に発生)				(190)			190
退職給付費用						(14,790)	14,790
20X1年3月31日	(110,000)	48,000	(62,000)	3,310	2,400	(56,290)	

利息費用：3,000円（100,000円期首退職給付債務×3％割引率）

期待運用収益：900円（45,000円期首年金資産×2％長期期待運用収益率）

数理計算上の差異の償却（前期発生）：200円（1,800円÷9年）

数理計算上の差異の償却（前期発生）：300円（2,700円÷9年）

数理計算上の差異の償却（当期発生）：190円（1,900円÷10年）

退職給付費用：14,790円

退職給付引当金：56,290円

第12章 その他の資産・負債

1. 貸付金と借入金

　取引先等に対して借用証書を受け取って，金銭を貸付けたときは貸付金勘定（資産）の借方へ記入し，返済を受けたときは，貸方に記入します。また，金銭の借入れたときは借入金勘定（負債）の貸方へ記入し，返済したときは借方に記入します。

　金銭の貸借が借用証書ではなく，手形を利用して行われる場合があります。このような，金融を目的とした手形を金融手形といいます。この場合，商取引に基づいて振り出された商業手形と区別するために，手形貸付金勘定または手形借入金勘定で処理します。

練習問題　12-1

　A商会はB商店の要請により必要な資金を供給するために，借用書を差し入れさせ，1,000,000円の小切手を振り出し，貸し付けた。なお，B商店は小切手を受け取り，ただちに当座預金とした。A商会およびB商店の仕訳を示しなさい。

〈解答〉

A商会

借方		貸方	
貸付金	1,000,000	当座預金	1,000,000

B商店

借方		貸方	
当座預金	1,000,000	借入金	1,000,000

2. 前払金と前受金

　商品の仕入にあたり，その代金の一部をまたは全部を前もって支払うことがあります。この場合，前払金勘定（または前渡金勘定）（資産）の借方に記入し，商品の受け取り時に，前払金は仕入代金へあてられ，貸方に記入します。

　他方，前払金を受け取った側では，商品の引渡義務が生じるので，前受金勘定（負債）の貸方に記入し，商品引き渡し時には借方に記入します。

練習問題　12-2

　20X1年4月30日にA商店は，B商会に商品80,000円を注文し，内金として30,000円の小切手を振り出して渡した。なお，B商会は小切手を受取り，ただちに当座預金とした。

　20X1年5月15日にA商店は，B商会から上記商品を受け取り，内金30,000円を差し引いた残額は掛けとした。

　A商店およびB商会の仕訳を示しなさい。

〈解答〉
A商店
20X1年4月30日

借方		貸方	
前払金	30,000	当座預金	30,000

20X1年5月15日

借方		貸方	
仕入	80,000	前払金	30,000
		買掛金	50,000

B商会
20X1年4月30日

借方		貸方	
当座預金	30,000	前受金	30,000

20X1年5月15日

借方		貸方	
前受金	30,000	売上	80,000
売掛金	50,000		

3.　未収金と未払金

　企業の主たる営業取引以外，つまり，商品以外の財貨や役務（サービス）の取引から生じた債権と債務は，未収金勘定（資産）と未払金勘定（負債）を用いて処理します。代金が未収のときは未収金勘定の借方に記入し，代金が未払のときは未払金勘定の貸方に記入します。

練習問題　12-3

　20X1年12月2日に事務用PCを購入し150,000円は月末払いとした。
　20X1年12月18日に上記PCの代金について，小切手を振り出して支払った。
　20X1年12月2日および20X1年12月18日の仕訳を示しなさい。

〈解答〉

20X1年12月2日

借方		貸方	
備品	150,000	未払金	150,000

20X1年12月18日

借方		貸方	
未払金	150,000	当座預金	150,000

4. 立替金と預り金

　従業員や取引先等に対して一時的に金銭を立替払いしたときは，立替金勘定（資産）の借方に記入し，返済を受けたときは，貸方へ記入する。なお，従業員や役員等の企業内部の関係者に対する立替金は，その関係を明示する勘定科目（従業員立替金や役員立替金）を用いて，他の立替金勘定と区別して管理します。

練習問題　12-4

　従業員の個人用カメラの購入代金150,000円を，小切手を振り出して立替払いした。取引の仕訳を示しなさい。

〈解答〉

借方		貸方	
従業員立替金	150,000	当座預金	150,000

　何らかの理由で金銭を一時的に預かる場合は，預り金勘定（負債）で処理します。たとえば，外部機関へ支払を代行する社会保険料や所得税等の源泉徴収額等があります。通常，その内容を明示する勘定科目（所得税預り金や社会保険料預り金）で区別して管理します。

練習問題　12-5

　従業員の給料350,000円の支払いに際し，所得税の源泉徴収額10,500円および上記，練習問題12-4に関連しカメラ購入代金の立替金150,000円を差し引き，残額を現金で支払った。仕訳を示しなさい。

借方		貸方	
給料	350,000	所得税預り金	10,500
		従業員立替金	150,000
		現金	189,500

5．仮払金と仮受金

　現金の受払いがあったが，その相手勘定または金額が確定していない場合は，いったん，仮払金勘定（資産）の借方ないし仮受金勘定（負債）の貸方に記入しておきます。そして，記帳すべき勘定科目や金額が確定したときに，該当する勘定に振り替えるという処理が行われます。

練習問題　12-6

　20X1年11月12日に出張する従業員に旅費の概算額100,000円を現金で支払った。
　20X1年11月13日に出張中の従業員から当座預金へ210,000円の振り込みがあったが，その内容は不明である。
　20X1年11月16日に上記の従業員が帰社し，旅費概算額とともに16,000円の返金を受けた。その際，従業員から，上記の振り込みはA商会からの売掛金の回収であるとの報告を受けた。
　20X1年11月12日，20X1年11月13日及び20X1年11月16日の仕訳を示しなさい。

〈解答〉
20X1年11月12日

借方		貸方	
仮払金	100,000	現金	100,000

20X1年11月13日

借方		貸方	
当座預金	210,000	仮受金	210,000

20X1年11月16日

借方		貸方	
旅費	84,000	仮払金	100,000
現金	16,000		
仮受金	210,000	売掛金	210,000

6. 収益・費用の見越繰延

収入と支出に基づいた元帳の記録と発生の事実に基づく収益と費用との間に期間的な食い違いが生じます。とりわけ，家賃や利息，保険料等のように，一定の契約に従い，継続してサービスが提供される場合，その対価の受払に関して，以下の4つのような食い違いが生じます。

（ⅰ）収益の繰延：当期の収入であるが，未だ収益とならない場合

（ⅱ）収益の見越：当期の収益であるが，未だ収入がともなわない場合

（ⅲ）費用の繰延：当期の支出であるが，未だ費用とならない場合

（ⅳ）費用の見越：当期の費用であるが，未だ支出がともなわない場合

これから個々の具体例を考えてみます。すべて会計期間は暦年（カレンダーイヤー：1月1日から12月31日まで）とします。

（ⅰ）収益の繰延：当期の収入であるが，未だ収益とならない場合

建物を賃貸し，9月1日に半年分（9月1から翌年の2月末まで）の家賃780,000円を受け取る場合を考えます。9月1日から決算日までの4ヶ月分の520,000円は当期の収益となりますが，残りの2ヶ月分260,000円は次期以降の収益となります。

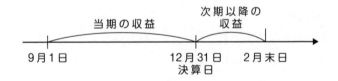

決算整理仕訳として，残り2ヶ月分を当期の収益から控除するために，受取家賃を借方記入します。そして，同額を前受家賃勘定（負債）に貸方記入して，次期の収益勘定へ引き継ぐために一時的に負債の勘定へ計上します。

借方		貸方	
受取家賃	260,000	前受家賃	260,000

（ⅱ）収益の見越：当期の収益であるが，未だ収入がともなわない場合

　利息を受け取る場合を考えます。8月末日に半年分（3月1日から8月31日まで）の利息8,400円を受け取り，9月以降の半年分の利息は翌年2月末日に受け取る場合を考えます。8月末日に受取利息8,400円が計上されていますが，これには9月から12月までの当期の4ヶ月分の利息5,600円は含まれていません。

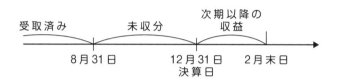

　決算整理仕訳として，この残り4ヶ月分の未収分を収益として計上するために受取利息を貸方記入し，同額を未収利息勘定（資産）に借方記入して，次期の利息の受取りに関する記録を適切な期間収益に修正するため，一時的に資産の勘定へ計上します。

借方		貸方	
未収利息	5,600	受取利息	5,600

（ⅲ）費用の繰延：当期の支出であるが，未だ費用とならない場合

　先ほどの例示の立場を入れ替えて，建物を賃貸し，9月1日に半年分の家賃780,000円を支払う場合を考えます。9月1日から決算日までの4ヶ月分の520,000円は当期の費用となりますが，残りの2ヶ月分260,000円は次期以降の費用となります。

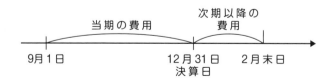

　決算整理仕訳として，残り2ヶ月分を当期の費用から控除するために，支

払家賃を貸方記入します。そして，同額を前払家賃勘定（資産）に借方記入して，次期の費用勘定へ引き継ぐために一時的に資産の勘定へ計上します。

借方		貸方	
前払家賃	260,000	支払家賃	260,000

（iv）費用の見越：当期の費用であるが，未だ支出がともなわない場合

　先ほどの例示の立場を入れ替えて，利息を支払う場合を考えます。8月末日に半年分の利息8,400円を支払い，9月以降の半年分の利息は2月末日に支払う場合を考えます。8月末日に支払利息8,400円が計上されていますが，これには9月から12月までの当期の4ヶ月分の利息5,600円は含まれていません。

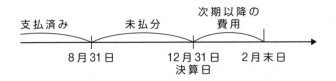

　決算整理仕訳として，この残り4ヶ月分の未払分を費用として計上するために支払利息を借方記入し，同額を未払利息勘定（負債）に貸方記入して，次期の利息の支払いに関する記録を適切な期間費用に修正するため，一時的に負債の勘定へ計上します。

借方		貸方	
支払利息	5,600	未払利息	5,600

　以上，4つの食い違いを調整するために経過的（一時的）に生じる計算擬制的資産である前払費用と未収収益，および，計算擬制的負債である前受収益と未払費用を総称して経過勘定項目といいます。

【練習問題　12-7】

　以下の各問題の取引について仕訳を示しなさい。

〔問1〕

　現金300,000円を貸し付け，同額の約束手形を受け取った。

〔問2〕

　備品120,000円を購入し代金は月末に支払うこととした。

〔問3〕

　12月31日，本日決算日につき，当期の12月7日に融資を受けた1,460,000円の利息（融資期間1年，年利5％，返済日に元利合計を返済）について，決算整理仕訳をしなさい。

〈解答〉

〔問1〕

借方		貸方	
手形貸付金	300,000	現金	300,000

〔問2〕

借方		貸方	
備品	120,000	未払金	120,000

〔問3〕

　利息の計算は日割で計算します。12/7〜12/31の25日間分の利息を見越し計上します。

借方		貸方	
支払利息	5,000	未払利息	5,000

1,460,000円×5%×25日／365日＝5,000円

7. 引当金

　会計上で負債を認識するパターンの1つとして，「引当金方式」と呼ばれるものがあります。これは，将来発生する可能性が高い支出をその原因の発生に合わせて費用として期間配分し，各期に配分された費用と同額を負債として積み上げていく会計方法です。この例として賞与引当金があげられます。

これは就業規則や給与規程等に基づき，従業員等に対して支給される賞与の相手勘定で「負債性引当金」と呼ばれています。

企業会計原則（注解18）は引当金を以下のように規定しています。

「将来の特定の費用又は損失であって，その発生が当期以前の事象に起因し，発生の可能性が高く，かつ，その金額を合理的に見積ることができる場合には，当期の負担に属する金額を当期の費用又は損失として引当金に繰入れ，当該引当金の残高を貸借対照表の負債の部又は資産の部に記載するものとする」

上記の注解18より，引当金は資産の部に記載するものと負債の部に記載するものとに大別されます。前者の資産の部に記載される引当金として，第5章で述べた貸倒引当金があげられます。これは，評価性引当金と呼ばれます。後者の負債の部に記載される負債性引当金には，債務たる引当金とその他の引当金が含まれます。

債務たる引当金とは，条件付債務，つまり，一定の条件が成立することによって債務が確定する法律上の債務となる事象に関する引当金です。賞与引当金を例に取り上げると，賞与の基本的な性格は，支給対象期間の役務提供に対する賃金といえます。通常，賞与の支給は夏と冬に行われますが，支給対象期間はそれより以前であることが多く，決算日時点において当期に提供を受けた役務に対する賞与が支給されていない場合には，賞与に係る負債が存在することとなります。この役務の提供は当期の収益に貢献した費用として認識する必要があり，賞与の未払部分の見積金額を当期の費用として計上し，同時に，賞与引当金を貸借対照表の貸方項目として設定します。引当金の要件をまとめれば以下のようになります。

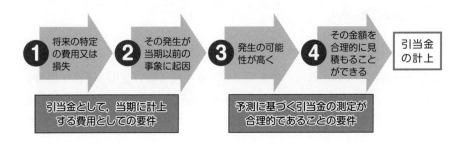

練習問題　12-8

　3月末日の決算にあたり，6月末日に支給予定の賞与額を780,000円と見積もり，当期が負担すべき額として賞与引当金に計上した。就業規則において，賞与の支給月を6月および12月，支給対象期間をそれぞれ12月〜翌年5月，6月〜11月と定めている。仕訳を示しなさい

〈解答〉

借方		貸方	
賞与引当金繰入	520,000	賞与引当金	520,000

780,000円×（4ヶ月/6ヶ月）＝520,000円

　なお，注解18に列挙されている債務たる引当金としては，製品保証引当金，売上割戻引当金，返品調整引当金，賞与引当金，工事補償引当金，退職給付引当金があげられます。

　もう1つの負債性引当金である，その他の引当金は，法律上は債務とならないもので，将来に発生の可能性の高い経済的負担に関する引当金です。注解18に列挙されている引当金としては，修繕引当金，特別修繕引当金，債務保証損失引当金，損害補償引当金がこれに該当します。

8.　社債

　ここでは，発行者側の社債の説明をします。社債とは，会社が長期の事業資金を調達する目的で，社債券と呼ばれる債券（有価証券）を発行することによって生じる債務です。社債権者は一定の期日にあらかじめ定められた利息を受け取ることができ，満期日には額面金額の償還を受けることができます。社債の発行形態は，額面金額と同じ価格で発行する平価発行，額面金額よりも低い価格で発行する割引発行，額面金額よりも高い金額で発行する打歩発行の3つがあります。

　社債を発行したときは，発行者側では，額面金額を社債勘定（負債）の貸方に記入しますが，割引発行や打歩発行の場合は発行価額（払込金額）を記

入します。とりわけ，後者の場合は，額面金額と払込金額とに差額が生じます。この差額を償却期間に至るまで毎期一定の方法で社債の発行価額に加減する方法で処理しなければなりません。この方法を償却原価法といいます。

練習問題 12-9

額面総額10,000,000円の社債を額面100円につき97円で発行し払込金は当座預金とした。仕訳を示しなさい。

〈解答〉

借方		貸方	
当座預金	9,700,000	社債	9,700,000

10,000,000円×（97円/100円）

上記社債（普通社債）以外に新株予約権付社債と転換社債があります。まず，新株予約権付社債とは，社債権者に新株式を受け取る権利が付された社債です。新株予約権付社債は，社債の対価部分と新株予約権の対価部分を別個に認識する区分法で処理しなければなりません。また，転換社債とは，社債権者に対して，起債会社の株式に転換できる権利の形で新株予約権が付与された社債です。転換社債は先の区分法または，区分しない一括法でも処理することができます。

練習問題 12-10

次の各問題の仕訳を示しなさい。

〔問１〕

額面総額10,000,000円の新株予約権付社債を，額面100円につき社債部分は95円，新株予約権部分は５円で発行し，払込金は当座預金とした。社債金額に対する新株予約権の付与割合は100％である。

〈解答〉

借方		貸方	
当座預金	10,000,000	社債	9,500,000
		新株予約権	500,000

〔問２〕
　額面総額10,000,000円の転換社債型新株予約権付社債を，額面100円につき社債部分は95円，新株予約権部分は５円で発行し，払込金は当座預金とした。なお，一括法で処理するものとする。

〈解答〉

借方		貸方	
当座預金	10,000,000	社債	10,000,000

第13章 純資産

1. 純資産の意義と範囲

　純資産は，大きく株主資本，評価・換算差額等および新株予約権に分類され，株主資本は資本金，資本剰余金，利益剰余金および自己株式に分類されます。

純資産の部：
株主資本：
資本金
資本剰余金：
資本準備金
その他資本剰余金
利益剰余金：
利益準備金
その他利益剰余金
自己株式
株主資本合計
評価・換算差額等
新株予約権

　資本金は会社が最低限維持するもので，資本金と資本剰余金は払込資本と呼ばれます。その他資本剰余金は資本取引から発生するものであり，増資，減資，合併，自己株式の処分等により発生し，資本金および資本準備金以外のものです。利益剰余金は損益取引から生じた過去の利益の累積額（配当金控除後）を意味しています。利益剰余金は，さらに，利益準備金とその他利益剰余金に分類されます。利益準備金は企業が現金配当を行った都度，会社法の規定により企業に積み立てられたもので，その他利益剰余金は企業内に留保された利益のうち，利益準備金以外のものです。その他利益剰余金は株

主総会または取締役会の決議に基づいて積み立てられた○○積立金（たとえば，任意積立金，新築積立金等）と繰越利益剰余金に分類されます。資本準備金と利益準備金を法定準備金といいます。自己株式は企業が発行した自社の株式を株主から購入し保有している株式で，金庫株とも呼ばれます。自己株式は株主資産の控除項目として取り扱われます。

　評価・換算差額金等は，その他有価証券評価差額金（その他有価証券の時価評価により生じる差額金），繰延ヘッジ損益（ヘッジ対象に係る損益が認識されるまで，時価評価されたヘッジ手段に係る損益を，純資産の部に計上する場合），土地再評価差額金（土地の再評価に関する法律により，事業用土地を時価評価した場合に当該土地の帳簿価額の改訂による差額）に分類されます。評価・換算差額金等は連結財務諸表では「その他の包括利益累計額」として表示されます。

　新株予約権は，株式会社に対してその権利を行使することにより，当該株式会社の株式の交付を受けることができる権利です。

2. 会社設立と株式の発行

　株式会社の主な設立手続は，以下の手順で行われます。

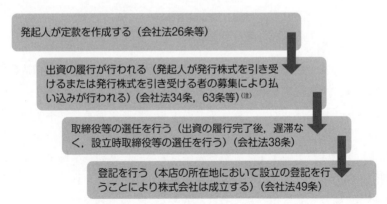

発起人が定款を作成する（会社法26条等）

出資の履行が行われる（発起人が発行株式を引き受けるまたは発行株式を引き受ける者の募集により払い込みが行われる）（会社法34条，63条等）(注)

取締役等の選任を行う（出資の履行完了後，遅滞なく，設立時取締役等の選任を行う）（会社法38条）

登記を行う（本店の所在地において設立の登記を行うことにより株式会社は成立する）（会社法49条）

(注) 設立には，発起人が設立時に発行株式の全部を引き受ける場合（発起設立）と発行株式の一部を引き受ける者を募集する場合（募集設立）があります。

　会社法では，定款には株式会社が発行することができる株式の総数（発行可能株式総数）を定める必要があります。公開会社（株式の全部または一部の譲渡に関して株式会社の承認を必要とする旨の定めを定款に設けていない会社）では，設立時発行株式の総数は発行可能株式総数の4分の1を下回ることができないものとされています（会社法37条第3項）。

　株式会社に払い込まれた金額は，払込期日までは「新株式払込証拠金」という勘定科目が用いられ，払込期日に資本金に振り替えられます（払込期間を定めた場合は，払込みが行われた日に資本金に振り替えます）。仕訳としては次のようになります。

〈払込日〉払込金を別段預金[14)]として預け入れた場合

借方		貸方	
別段預金	×××	新株払込証拠金	×××

〈払込期日〉別段預金を当座預金に振り替えた

借方		貸方	
新株式払込証拠金	×××	資本金	×××
当座預金	×××	別段預金	×××

3. 資本金

(1) 会社設立の会計処理

　株式会社の資本金の額は「設立又は株式の発行に際して株主となる者が当該株式会社に対して払込み又は給付をした財産の額とする。」（会社法445条第1項）と定めています。

➡️ 資本金の額＝払込金額（原則）

---

14) 別段預金とは，銀行業務に該当しない未決済，未整理の一時的にお金を保管しておくための預金の勘定科目です。

しかし，株主からの払込みまたは給付に係る額の2分の1を超えない額は資本金として計上しないことができます。資本金として計上しないことにした額は資本準備金として計上しなければなりません（会社法445条第2項および第3項）。

➡ 資本金の額（最低資本金）＝払込金額×50％以上
➡ 資本準備金＝払込金額－資本金の額

練習問題　13-1

　公開会社の設立にあたり定款で発行可能株式総数を10,000株と定め，設立時発行株式の総数は会社法の定める最低限の株式数とし，一株当たり500円で発行した。払込全額を当座預金とした。次の場合の仕訳を示しなさい。
(1) 資本金は会社法で定められている原則の金額を計上する場合
(2) 資本金は会社法で定められている最低額を計上する場合

〈解答〉
最低発行株式数：2,500株（10,000株×25％）
払込金額：1,250,000円（2,500株×@500円）

(1) 資本金は会社法で定められている原則の金額を計上する場合

借方		貸方	
当座預金	1,250,000	資本金	1,250,000

(2) 資本金は会社法で定められている最低額を計上する場合

借方		貸方	
当座預金	1,250,000	資本金	625,000
		資本準備金	625,000

資本金：625,000円（1,250,000円×50％）

(2) 株主資本

①増資

　会社設立後に新たに資本金の額を増加させることを「増資」といいます。増資には，資本金が増加し，その結果，株主資本の総額が増加する場合と資

本金は増加するが株主資本の他の構成項目が減少し，その結果，株主資本の総額は変動しない場合があります。前者を「実質的増資」後者を「形式的増資」といいます。

　実質的増資の場合の例として，①通常の新株発行による増資（募集株式の発行），②新株予約権の行使による新株発行，③企業結合の対価として取得企業による新株発行（被取得企業から受け入れた資産および負債の対価として交付する新株発行，合併により消滅する会社（消滅会社）の株主に交付する新株発行，株式交換により子会社の株主に割り当てられる親会社の新株発行）があります。

　形式的増資の例として①準備金（資本準備金および利益準備金）の資本金への組み入れ，②剰余金（その他資本剰余金およびその他利益剰余金）の資本金への組み入れがあります。

　通常の新株発行の会計処理は，会社設立の場合と同様に「新株式申込証拠金」勘定を用いて行います。この場合も同様に払込金額の2分の1まで資本金とせず資本準備金として計上できます。

練習問題　13-2

　次の一連の取引の仕訳を示しなさい。

(1)　新株の募集を行い，500株を一株当たり500円で発行することにした。払込期日までに550株の申し込みがあり，払い込まれた金額を別段預金とした。

(2)　新たに発行する株式500株の抽選を行い，割り当てられなかった50株分の株式申込証拠金を別段預金から払い戻しを行った。

(3)　申込期日に株式申込証拠金を資本金に振り替えた。また，別段預金を当座預金に振り替えた。資本金は会社法に定められている最低額を計上した。

〈解答〉

(1)

借方		貸方	
別段預金	275,000	新株式申込証拠金	275,000

払込金額：275,000円（550株×@500円）

(2)

借方		貸方	
新株式申込証拠金	25,000	別段預金	25,000

払戻金額：25,000円（50株×@500円）

(3)

借方		貸方	
新株式申込証拠金	250,000	資本金	125,000
		資本準備金	125,000

最低資本金：125,000円（250,000円×50%）

借方		貸方	
当座預金	250,000	別段預金	250,000

②合併

　合併とは，2つ以上の会社が1つの会社になることをいいます。合併には吸収合併と新設合併があります。会社法では，吸収合併とは「会社が他の会社とする合併であって，合併により消滅する会社の権利義務の全部を合併後存続する会社に承継させるものをいう」（会社法2条第27号）と定義し，新設合併とは「2以上の会社がする合併であって，合併により消滅する会社の権利義務の全部を合併により設立する会社に承継させるものをいう」（会社法2条第28号）と定義しています。存続する会社を取得企業または存続会社といい，消滅する会社を被取得企業または消滅会社といいます。

　合併により，ある企業が他の企業の支配を獲得することになる場合，被取得企業の資産と負債は時価で受け入れられ，その対価として被取得企業の株主に金銭または取得企業の株式が交付されます。被取得企業から引き継いだ純資産（資産－負債）と被取得企業の株主に交付された金銭または株式との間に差額が生じる場合，その差額はのれんとして処理します。のれんが借方に計上される場合は，20年以内のその効果の及ぶ期間にわたり毎期定額法で規則的に償却します。のれんが貸方に計上された場合は，負ののれんとして特別利益となります。

吸収合併（A社がB社を吸収する場合）

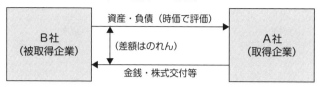

新設合併（A社を設立しB社およびC社を吸収する場合）

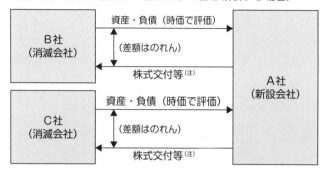

（注）新設合併の場合には，被取得企業の株主には金銭の交付はできません。
当該株主には，株式または社債の割り当てが行われます。金銭の交付
ができないのは，新設合併の場合に，金銭で精算すると，新設会社に
株主が存在しなくなる可能性があるからです。

練習問題　13-3

　A社はB社を20X1年3月31日に吸収合併し，B社の株主にA社株式5,000株を交付
した。

　20X1年3月31日のA社株式の時価は一株当たり500円であった。合併にあたり，A
社は，一株当たり250円を資本金に計上し，残りは資本準備金とした。B社から引き
継ぐ資産および負債の時価は，土地の時価1,500,000円を除き帳簿価額と同額であった。
なお，A社は合併直前まではB社の株式を所有していなかった（支配関係はなかった）。
20X1年3月31日のB社の貸借対照表は以下のとおりである。合併時の仕訳を示しなさ
い。

B社貸借対照表
20X1年3月31日現在　　　　　　　（単位：円）

資産		負債及び純資産	
現金預金	800,000	買掛金	1,000,000
売掛金	750,000	長期借入金	650,000
棚卸資産	500,000	資本金	1,300,000
土地	1,200,000	利益剰余金	300,000
資産合計	3,250,000	負債及び純資産合計	3,250,000

〈解答〉

借方		貸方	
現金預金	800,000	買掛金	1,000,000
売掛金	750,000	長期借入金	650,000
棚卸資産	500,000	資本金	1,250,000
土地	1,500,000	資本準備金	1,250,000
のれん	600,000		

資産および負債の時価評価　土地の価額を1,500,000円に評価替えする。
増加する資本の額：2,500,000円（5,000株×@500円）
資本金の計上金額：1,250,000円（5,000株×@250円）
のれん：600,000円　差額（800,000円＋750,000円＋500,000＋1,500,000－1,000,000円－650,000
　　　－1,250,000－1,250,000）

　形式的増資は，準備金および剰余金の資本金組み入れにより株主に新株を交付しますが，株主資本の総額は変わりません。たとえば，資本準備金300,000円のうち，100,000円を株主総会の決議を経て資本金に組み入れる場合，株主資本の構成項目は以下のように変動します。

増資前				増資後	
株主資本：				株主資本：	
資本金	500,000	➡		資本金	600,000
資本剰余金：				資本剰余金：	
資本準備金	300,000	➡		資本準備金	200,000

仕訳

借方		貸方	
資本準備金	100,000	資本金	100,000

③減資

　減資とは，資本金の額を減少させる手続きのことをいいます。株主総会での「減資」の決議により株主に払戻しを行う場合，または累積赤字がある場合に，資本金を取り崩して欠損を補てん（欠損てん補）する場合があります。欠損てん補の場合は，実際にお金が動かないので株主資本の構成項目の金額は変動しますが総額は変わりません。

　株主に払い戻す場合の会計処理は，次のようになります（株主に100,000円を当座預金により払戻す場合）。

減資前			減資後	
株主資本：			株主資本：	
資本金	500,000	➡	資本金	400,000
資本剰余金：			資本剰余金：	
資本準備金	300,000		資本準備金	300,000

仕訳

借方		貸方	
資本金	100,000	その他資本剰余金	100,000
その他資本剰余金	100,000	当座預金	100,000

　会社法においては，減資とその他資本剰余金の配当という2つの組み合わせにより払戻しが行われます。

　欠損てん補の場合の会計処理は，次のようになります（繰越利益剰余金マイナス100,000円を補てんするため資本金150,000円の減資を行った場合）。

	減資前			減資後	
株主資本：			株主資本：		
資本金	500,000		資本金	350,000	
利益剰余金：			資本剰余金：		
その他利益剰余金			その他資本剰余金		50,000
繰越利益剰余金	△100,000		利益剰余金：		
			その他利益剰余金		
			繰越利益剰余金		―

仕訳

借方		貸方	
資本金	150,000	繰越利益剰余金	100,000
		資本金減少差益	50,000

　資本金減少差益とは，企業が欠損てん補を目的として減資した際に補てん額を超えて剰余額が生じた場合，その超過分を処理する勘定項目のことで，その他資本剰余金の一項目となります。

4. 剰余金の配当

　企業は事業で得た利益を配当として株主に還元します。配当の財源として使用されるのは企業の剰余金（その他資本剰余金およびその他利益剰余金）です。配当はいつでも何度でもできます。ただし，自己株式に対しては配当をすることはできません（会社法453条）。会社法では，債権者保護のため剰余金の配当を行う場合には，資本準備金と利益準備金の合計額が資本金の4分の1に達するまで，その配当の額の10分の1を資本準備金または利益準備金として積立てなければなりません（会社法445条第4項）。その他資本剰余金から配当を行った場合は資本準備金を積立て，その他利益剰余金から配当を行った場合は利益準備金を積立てます。

株主資本：	
資本金	
資本剰余金：	
資本準備金	その他資本剰余金からの配当額の10分の1を資本準備金に積立
その他資本剰余金	
利益剰余金：	
利益準備金	繰越利益剰余金からの配当額の10分の1を利益準備金に積立
その他利益剰余金：	
繰越利益剰余金	

練習問題　13-4

　20X1年6月28日の株主総会において，繰越利益剰余金を財源とし一株につき10千円（発行済株式総数5,500株）の配当及び別途積立金50,000千円の積立てが決議された。決算日における純資産は以下の通りである。この取引の仕訳を示しなさい。

純資産の部　(単位：千円)

株主資本	
資本金	500,000
資本剰余金	
資本準備金	60,000
その他資本剰余金	50,000
利益剰余金	
利益準備金	40,000
その他利益剰余金	
繰越利益剰余金	200,000

〈解答〉

借方		貸方	
繰越利益剰余金	110,500	未払配当金	55,000
		利益準備金	5,500
		別途積立金	50,000

配当金の金額：55,000千円（5,500株×@10千円）
利益準備金の積立額：5,500千円（55,000千円×10%（10分の1））
配当前の準備金残高：100,000千円（資本準備金60,000円＋利益準備金40,000円）
配当後の準備金残高：105,500千円（100,000円＋5,500円）＜125,000円（資本金の4分の1）
したがって，利益準備金への繰入額は5,500千円となります。

　上記の利益準備金の残高が配当前で60,000千円であった場合，仕訳は次のようになります。

　　　仕訳

借方		貸方	
繰越利益剰余金	110,000	未払配当金	55,000
		利益準備金	5,000
		別途積立金	50,000

　配当前の準備金残高は120,000千円（資本準備金60,000円＋利益準備金60,000円）であり，仮に，利益準備金に5,500千円（配当金の10%）を繰り入れれば，準備金合計残高が125,500千円となり，資本金の4分の1を超えることになります。したがって，利益準備金への繰入額は5,000千円で会社法の要件を充たすことになります。

練習問題　13-5

　20X1年6月28日の株主総会において，その他資本剰余金および繰越利益剰余金を財源とし，その他資本剰余金から20,000千円，繰越利益剰余金から30,000千円（合計50,000千円）の配当及び別途積立金50,000千円の積立てが決議された。決算日における純資産は，以下のとおりである。この取引の仕訳を示しなさい。

純資産の部　　（単位：千円）

株主資本	
資本金	500,000
資本剰余金	
資本準備金	60,000
その他資本剰余金	50,000
利益剰余金	
利益準備金	40,000
その他利益剰余金	
繰越利益剰余金	200,000

〈解答〉

借方		貸方	
その他資本剰余金	22,000	未払配当金	50,000
繰越利益剰余金	83,000	資本準備金	2,000
		利益準備金	3,000
		別途積立金	50,000

配当金の金額：50,000千円
資本準備金の積立額：2,000千円（20,000千円×10%（配当金の10分の1））
利益準備金の積立額：3,000千円（30,000千円×10%（配当金の10分の1））
配当前の準備金残高：100,000千円（資本準備金60,000千円＋利益準備金40,000円）
配当後の準備金残高：105,000千円（100,000円＋2,000円＋3,000円）＜125,000円（資本金の4分の1）

5. 株主資本の計数の変動

　株主資本の構成項目である資本金，資本剰余金，利益剰余金の間で，各項目の金額を振り替えることを株主資本の計数の変動といいます。株主資本の計数の変動の場合は，株主資本の総額は変わりません。株主総会の決議に基づき，株主資本の各項目の変動は以下の場合に生じます。

　①資本金から準備金または剰余金への振替
　②準備金から資本金または剰余金への振替

171

③剰余金から資本金または準備金への振替
④剰余金の内訳科目間の振替

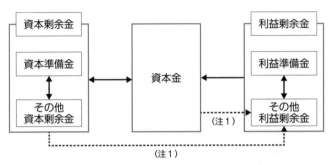

(注1) 利益剰余金から資本金への振替はできますが，資本金及び資本剰余金からその他利
益剰余金への振替は欠損てん補の場合に限られています。また，利益剰余金から資
本剰余金への振替は，その他資本剰余金が負の値となる場合を除きできません。

剰余金の内訳科目間の振替の例として，繰越利益剰余金から任意積立金（ま
たはその逆）に振り替えを行う場合があります。その場合の仕訳は次のよう
になります。

借方		貸方	
繰越利益剰余金	×××	任意積立金	×××

〔練習問題 13-6〕

以下の各取引の仕訳を示しなさい。

(1) 株主総会の決議により，資本準備金10,000円を資本金に振替えた。

(2) 株主総会の決議により，資本準備金10,000円をその他資本剰余金に振替えた。

(3) 株主総会の決議により，繰越利益剰余金の欠損を解消するため，その他資本剰
余金10,000円を繰越利益剰余金に振替えた。

〈解答〉

	借方		貸方	
(1)	資本準備金	10,000	資本金	10,000
(2)	資本準備金	10,000	その他資本剰余金	10,000
(3)	その他資本剰余金	10,000	繰越利益剰余金	10,000

6. 新株予約権

　新株予約権とは，その権利を株式会社に対して行使することによりその会社の株式の交付を受けることができる権利をいいます。新株予約権の対価を払い込んだ権利保有者は，この権利をもつことにより一定の価格（行使価格）で株式を購入することができます。新株予約権は，将来，権利保有者が権利を行使することにより株主となり，行使されない場合は，払い込まれた対価の払い戻しはありません。また，払い込まれた対価には利息は付されません。対価の払い戻しは行われず，利息も発生しないため，新株予約権を負債の部に表示することは適切ではないと考えられ，純資産の部に計上されます。新株予約権の会計処理は，①新株予約権の発行，②新株予約権の行使，③新株予約権の失効に分類できます。

①新株予約権の発行
　新株予約権を発行し対価が払い込まれた金額は「新株予約権」として計上されます。

②新株予約権の行使
　新株予約権が行使された場合は，新株予約権および行使価格で払い込まれた金額の合計を資本金（2分の1まで資本準備金とできます）に振替えます。

③新株予約権の失効

新株予約権が失効した場合は，失効した部分は「新株予約権戻入益」として特別利益で処理します。

以下の各取引の仕訳を示しなさい。
(1) 新株予約権10,000円を発行し払込金額は当座預金に預け入れた。新株予約権の行使価格は100,000円である。
(2) 新株予約権の80％が行使され払込金額は当座預金に預け入れた。資本金の組み入れは会社法の定める最低額とする。
(3) 新株予約権の20％は権利が行使されず失効した。

〈解答〉
(1)

借方		貸方	
当座預金	10,000	新株予約権	10,000

(2)

借方		貸方	
新株予約権	8,000	資本金	44,000
当座預金	80,000	資本準備金	44,000

新株予約権：8,000円（10,000円×80％）
払込金額：80,000円（100,000円×80％）
最低資本金：44,000円（（新株予約権8,000円＋払込金額80,000円）×50％）

(3)

借方		貸方	
新株予約権	2,000	新株予約権戻入益	2,000

未行使の部分2,000円（10,000円－8,000円）は特別利益で処理する。

第14章 外貨建取引

1. 外貨建取引の意義と範囲

　外貨建取引とは，売買価額やその他取引価額が外国通貨により表示されている取引のことで，以下の取引が含まれます。

①物品の売買，サービスの授受の取引価格が外国通貨で表示されている取引

②資金の借入・貸付の決済金額が外国通貨で表示されている取引

③金銭の前受・前払が外国通貨で表示されている取引

④券面額が外国通貨で表示されている社債の発行

⑤決済金額が外国通貨で表示されているデリバティブ取引等

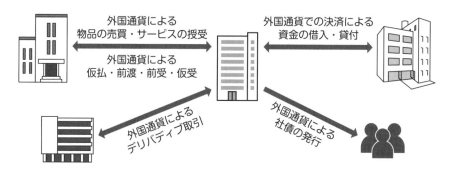

　なお，国内製造業者等が商社等を通じて輸出入取引を行う場合，商社と海外取引先との外貨建取引から生じる為替リスクを実質的に国内製造業者が負担する場合においては，商社と国内製造業者の取引が円建の取引であっても，その実態を考え当該円建取引は外貨建取引と考えます。

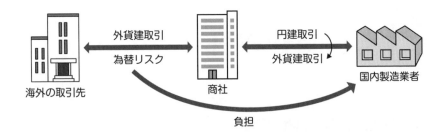

　外国通貨により取引を行う場合には，外国通貨を円に換算し会計記録を行う必要があります。外貨建取引の発生とそれに係る外貨建資産負債の会計処理は，主として，企業会計審議会が公表した「外貨建取引等会計処理基準」および会計制度委員会報告第4号「外貨建取引等の会計処理に関する実務指針」に規定されています。

2. 外貨建取引の換算方法

　商品売買とその代金決済が後日行われる場合，取引の発生時の為替相場と代金決済時の為替相場が異なる場合があります。たとえば，商品100ドルを海外から仕入れる場合，商品仕入時の為替相場は1ドル＝100円で，代金決済時の為替相場が1ドル＝105円であれば，買手は仕入時から決済時の間に500円の為替差損を被ることになります。この為替差損の取り扱いに関し，一取引基準と二取引基準という2つの考え方があります。

　一取引基準では，外貨建取引と外貨建金銭債権債務の代金決済取引を1つの取引として捉え，仕入および売上は実際の貨幣の支出額で測定する考え方です。したがって，取引時の為替相場と決済時の為替相場の差額から生じる損益については取引金額を修正することになります。しかし，この方法では代金が決済されるまで損益などの金額は未確定となり，当期に販売した商品の代金回収が次期に行われる場合は，過去の売上修正（過去の損益計算書の修正）につながり，実務面で煩雑になり過年度の財務情報の信頼性を損ねることにもなりかねません。

　二取引基準では，外貨建取引と外貨建金銭債権債務の代金決済取引とは別々
の独立した取引として捉え，商品売買取引は営業活動，代金決済取引は財務
活動と，別個の活動として考えます。現行の会計基準は二取引基準を採用し
ています。二取引基準では，外貨建取引の円貨の換算は，為替予約等による
ヘッジ会計の方法を適用する場合を除き，原則として，取引日の為替相場で
換算し代金決済時での修正は行いません。

　たとえば，商品100ドルを掛で販売し，販売日の為替相場が1ドル＝105円，
決済日の為替相場が1ドル＝100円の場合の二取引基準および一取引基準で
の仕訳は，次のようになります。

二取引基準
販売日

借方		貸方	
売掛金	10,500	売上	10,500

売上：10,500円（100ドル×105円）（販売日の為替相場）

決済日

借方		貸方	
現金預金	10,000	売掛金	10,500
為替差損	500		

現金預金：10,000円（100ドル×@100）（代金決済時の為替相場）

一取引基準
販売日

借方		貸方	
売掛金	10,500	売上	10,500

決済日

借方		貸方	
現金預金	10,000	売掛金	10,500
売上	500		

売上の金額が決済日の為替相場で修正されます。

3. 外貨建資産負債の決算時の換算方法

決算時の外貨建資産負債の換算方法として，決算日レート法，流動・非流動法，貨幣・非貨幣法およびテンポラル法があります。

(1) 決算日レート法

決算日レート法は，外貨建資産負債を決算時の為替相場で換算する方法です。決算時の為替相場ですべての外貨建資産負債を換算するため実務上は簡単であるというメリットがあります。また，海外子会社等のすべての資産負債項目を決算時の為替相場で換算するため決算日現在の海外子会社の価値が測定できるともいえます。しかし，固定資産のように取得価額で，すでに測定されている項目を決算時の為替相場で再度換算することは，評価の属性を変えてしまうことになるという問題があります。

(2) 流動・非流動法

流動・非流動法は，流動資産と流動負債は決算時の為替相場で換算し，固定資産と固定負債は取引日または発生日の為替相場で換算する方法です。流動項目を決算時の為替相場で換算することは，短期支払能力の測定という側面からは会計情報として意味があるといえます。しかし，この方法も棚卸資産のように取得原価ですでに測定されている項目を決算時の為替相場で再度換算するのは評価の属性を変えてしまうことになるという問題があります。また，1年超の定期預金（固定資産）と1年以内の定期預金（流動資産）は同一の性質を有しているのに換算方法が異なるという問題もあります。

(3) 貨幣・非貨幣法

貨幣・非貨幣法は，金銭債権債務のような貨幣項目は決算時の為替相場で換算し，棚卸資産・固定資産のような非貨幣項目は取得日または発生日の為替相場で換算する方法です。貨幣項目の資産および負債を回収可能価額および弁済金額で評価し，非貨幣項目の資産を取得時の価額で評価することは，

現行の企業会計基準（取得原価主義会計）と整合しているといえます。しかし，外貨建有価証券のように貨幣項目と非貨幣項目の両方の性質を有している項目に関して，決算時または取得日のどちらの為替相場を使用するかの判断は，企業により異なることになるという課題があります。

(4) テンポラル法

　テンポラル法は，財務諸表に計上されている外貨建資産負債の評価の属性に応じて為替相場を使用するという考え方です。この方法は，外貨建資産負債の貸借対照表の評価が取得時または発生時の価額となっている項目は，取得時または発生時の為替相場で換算し，決算日現在の評価となっている項目は，決算時の為替相場で換算する方法です。具体的には，外貨建金銭債権債務は，決算日現在における評価の額を表しているため，決算時の為替相場で換算し，取得原価で評価されている棚卸資産・固定資産などは取得時または発生時の為替相場で換算します。また，決算日の時価で評価される有価証券などは決算時の為替相場で換算します。

4. 外貨建金銭債権債務の決算時の換算方法

　外貨建金銭債権債務は，原則として，決算時の為替相場で換算します。決算日に保有している外国通貨も決算時の為替相場で換算します。決算時の為替相場の換算で生じる為替差額は，原則として，当期の為替差損益として処理します。

練習問題　14-1

　次の一連の取引の仕訳を示しなさい。
(1)　20X1年2月10日に海外の得意先に商品1,000ドルを掛で販売した。販売日の為替相場は1ドル＝100円で，代金決済日は4月15日である。
(2)　20X1年3月31日（決算日）の為替相場は1ドル＝105円であった。
(3)　20X1年4月15日に掛代金の決済があった。決済日の為替相場は1ドル＝107円

であった。

〈解答〉

(1) 20X1年2月10日（販売日）

借方		貸方	
売掛金	100,000	売上	100,000

売上：100,000円（1,000ドル×100円）

(2) 20X1年3月31日（決算時）

借方		貸方	
売掛金	5,000	為替差損益（益）	5,000

決算時の為替相場で換算替：
販売日の売掛金の円貨：1,000ドル×100円＝100,000円 ⎰
決算時の売掛金の円貨：1,000ドル×105円＝105,000円 ⎱（5,000円の為替差益）

(3) 決済日（20X1年4月15日）

借方		貸方	
現金	107,000	売掛金	105,000
		為替差損益（益）	2,000

決算時の売掛金の円貨：1,000ドル×105円＝105,000円 ⎰
決済日の決済金の円貨：1,000ドル×107円＝107,000円 ⎱（2,000円の為替差益）

　外貨で支払った前払金・前渡金および外貨で受け取った前受金・仮受金については，金銭の授受があった時の為替相場で換算します。前払金・前渡金は将来の財またはサービスの提供を受ける費用性資産であり金銭による回収などを目的とした外貨建金銭債権債務には該当しません。また，前受金・仮受金は将来の財またはサービスの提供を行う収益性負債であり金銭の支払いを目的とした外貨建金銭債務には該当しません。したがって，決算時の為替相場による換算替えは行わず，取引日または発生日の為替相場による円換算額が貸借対照表価額となります。

　外貨建未収収益・未払費用は，将来の金銭の受取および支払いが行われるため金銭債権債務と考えられ，外貨建金銭債権債務に準じて決算時の為替相場で換算されます。

　外貨建前払費用・前受収益については特段の定めがありませんが，前払金・

前渡金や前受金と同様に，費用性資産・収益性負債であり決算時の為替相場による換算替えは行わず，取引日または発生日の為替相場による円換算額が貸借対照表価額となります。

練習問題 14-2

以下の一連の取引の仕訳を示しなさい。

(1) 20X1年3月1日に海外の仕入先から原材料100ドルを輸入するために手付金として50ドルを現金預金で支払った。手付金支払時の為替相場は1ドル＝100円であった。

(2) 20X1年3月31日（決算日）決算時の為替相場は1ドル＝102円であった。

(3) 20X1年4月1日の原材料を掛で仕入れた。仕入時の為替相場は1ドル＝105円であった。

〈解答〉

(1) 20X1年3月1日（手付金支払日）

借方		貸方	
前渡金	5,000	現金預金	5,000

前渡金：5,000円（50ドル×100円）（支払日の為替相場）

(2) 20X1年3月31日（決算時）

借方	貸方
仕訳なし	

決算時の為替相場での換算替えは行いません。取引発生日の為替相場（1ドル＝100円）で換算した5,000円が貸借対照表価額となります。

(3) 20X1年4月1日（仕入日）

借方		貸方	
原材料	10,250	買掛金	5,250
		前渡金	5,000

買掛金：5,250円（（100ドル－50ドル）×105円）原材料仕入時における為替相場は1ドル＝105円であり，原材料代金のうち手付金による充当額を除いた残額は買掛金となり取引発生日の為替相場で換算します。

練習問題 14-3

　以下の外貨建資産負債の決算日における貸借対照表価額を求めなさい。決算時における為替相場は1ドル＝105円であった。

外貨建資産負債	帳簿価額 （ドル）	取引発生日の 為替相場（1ドル）
現金預金	200	102円
売掛金	300	101円
棚卸資産	200	101円
前払金	100	103円
前払利息	30	104円
土地	500	110円
買掛金	200	101円
前受金	100	103円
短期借入金	300	104円

〈解答〉
貸借対照表価額

外貨建資産負債	帳簿価額 （ドル）	適用される 為替相場	貸借対照表 価額
現金預金	200	105円（決算時）	21,000
売掛金	300	105円（決算時）	31,500
棚卸資産	200	101円（発生日）	20,200
前払金	100	103円（発生日）	10,300
前払利息	30	104円（発生日）	3,120
土地	500	110円（発生日）	55,000
買掛金	200	105円（決算時）	21,000
前受金	100	103円（発生日）	10,300
短期借入金	300	105円（決算時）	31,500

5. 外貨建財務諸表の換算

　事業活動を拡大するために海外に支店や子会社を設置する企業がたくさんあります。海外の支店や子会社の取引は現地通貨で行われるため，会計帳簿，各種財務書類および税務申告書等も現地通貨で作成されます。そのため，日本本社の財務諸表と在外支店の財務諸表を合算した本支店合併財務諸表を作成する場合または在外子会社の財務諸表を連結した連結財務諸表を作成する場合は，在外支店および在外子会社の財務諸表を円貨に換算する必要があります。

　在外支店の財務諸表および在外子会社の財務諸表の円貨への換算については，本国主義と現地主義という考え方があります。

　本国主義とは，在外事業体の経済活動は本国の活動の延長線上にあり，その業績はすべて本社に帰属するとする考え方です。したがって，当該事業体の財務諸表の換算は本国が採用する換算基準が適用されます。すなわち，棚卸資産や有形固定資産のように取得原価で評価されている項目は取得時の為替相場，現金預金や金銭債権債務のように現在や将来の金額で評価されている項目は決算時の為替相場で換算します。

　現地主義とは，在外事業体の経済活動は本国の親会社とは独立して行われており，その経済活動は在外事業体が設置された国で独立して完結するとする考え方です。そのため，現地主義では，在外事業体の現地通貨で表示された財務諸表は，当該事業体の財政状態や経営成績を適切に表示しているものと考えられるため，換算により流動と固定項目の関係性や比率が変わることは好ましくなく，その関連性や比率をそのまま表現するためには，決算時の為替相場で円貨に換算するのが望ましいとするものです。

(1) 在外支店の財務諸表項目の換算

　在外支店の場合，その経済活動は本店の延長線上にあり，支店は本店と法人格を同一にする海外事務所といえます。また，本店と支店の権利義務は切り離せないため債権債務に関する責任は最終的には日本の本店に帰属するこ

とになります。したがって，在外支店における外貨建取引については，原則として，本店と同様の換算方法が適用されます（本国主義）。

　また，在外支店の財務諸表の換算については，実務上の観点から以下のような簡便な方法が特例として認められています。

①収益および費用の換算の特例

　収益および費用（前受金等の収益性負債による収益化額および前払金等の費用性資産による費用化額を除く）の換算については，期中平均相場によることができます。

②外貨表示財務諸表項目の換算の特例

　在外支店の外貨で表示された財務諸表項目の換算にあたり，非貨幣性項目の額に重要性がない場合には，すべての貸借対照表項目（支店における本店勘定等を除く）について決算時の為替相場による円換算額を付することができます。この場合においては，損益項目についても決算時の為替相場によることができます。支店における本店勘定の換算は金額を一致させるため本店における支店勘定の金額を円貨とします（本店・支店勘定については第15章2.参照）。本店と異なる方法で換算することによって生じた換算差額は，当期の為替差損益として処理します。

　上記の換算方法をまとめると以下のようになります。

貸借対照表（外貨）

資産	為替	負債	為替
通貨・金銭債権	CR	金銭債務	CR
売買目的有価証券 満期保有目的の債券 その他有価証券	CR	前受金	HR
子会社株式 関連会社株式	HR	未払利息	CR
未収利息	CR	本店	（注1）
前払金・前渡金	HR		
棚卸資産： 　取得原価で評価 　時価で評価	HR CR		
有形固定資産	HR		

（注3）

損益計算書（外貨）

借方	為替	貸方	為替
費用	HR （注2）	収益	HR （注2）

（注3）

貸借対照表（円貨）

資産	負債
	本店
	当期純利益

転記

損益計算書（円貨）

費用	収益
為替差損益 （貸借差額）	
当期純利益	

CR（Current rate）決算時の為替相場
HR（Historical rate）取得時・発生時の為替相場
AR（Average rate）期中平均相場
（注1）本店の支店勘定の円貨
（注2）特例として期中平均相場（AR：Average rate）によることができる
（注3）特例として非貨幣性項目（棚卸資産，有形固定資産等）に重要性がない場合，すべての貸借対照表項目（支店における本店勘定等は除く）及び損益項目は決算時の為替相場によることができる

以下の外貨建決算整理後残高試算表に基づき，在外支店の円貨による貸借対照表および損益計算書を作成しなさい。

［資料１］

決算整理後残高試算表
20X1年３月31日に終了した事業年度　(単位：ドル)

現金預金	500	買掛金	300
売掛金	400	未払金	200
繰越商品	400	本店	1,000
前渡金	100	売上	2,350
備品	500		
仕入	1,500		
販売費	300		
減価償却費	50		
その他費用	100		
	3,850		3,850

［資料２］

　本店の決算整理後残高試算表の支店勘定の金額は107,000円であった。

　当期の商品仕入高は1,900ドルであり，期首に商品はなかった。

　収益および費用は発生時の為替相場が不明な場合は期中平均相場（１ドル＝110円）を適用する。

［資料３］

為替相場は以下のとおり。

備品の購入時	１ドル＝108円
商品の仕入時	１ドル＝107円
前渡金の支払時	１ドル＝105円
決算時	１ドル＝112円

〈解答〉

決算整理後精算表
20X1年3月31日に終了した事業年度

勘定科目	残高試算表（ドル）借方	貸方	為替相場	損益計算書（円）借方	貸方	貸借対照表（円）借方	貸方
現金預金	500		112円			56,000	
売掛金	400		112円			44,800	
繰越商品	400		107円			42,800	
前渡金	100		105円			10,500	
備品	500		108円			54,000	
買掛金		300	112円				33,600
未払金		200	112円				22,400
本店		1,000	—				107,000
売上		2,350	110円		258,500		
仕入	1,500		107円	160,500			
販売費	300		110円	33,000			
減価償却費	50		108円	5,400			
その他費用	100		110円	11,000			
為替差損益（損）				3,500	貸借差額		
当期純利益				45,100	←		45,100
	3,850	3,850		258,500	258,500	208,100	208,100

貸借対照表
20X1年3月31日現在　　（単位：円）

現金預金	56,000	買掛金	33,600
売掛金	44,800	未払金	22,400
繰越商品	42,800	本店	107,000
前渡金	10,500	当期純利益	45,100
備品	54,000		
	208,100		208,100

損益計算書
自20X0年4月1日至20X1年3月31日　　（単位：円）

売上原価	160,500	売上高	258,500
販売費	33,000		
減価償却費	5,400		
その他費用	11,000		
為替差損	3,500		
当期純利益	45,100		
	258,500		258,500

(2) 在外子会社等の財務諸表項目の換算

　在外子会社の場合，その経済活動は親会社とは独立して行われており，その権利義務は子会社に帰属します（現地主義）。そのため，基本的に，貸借対照表項目は決算時の為替相場で換算し損益計算書項目は期中平均相場で換算することにより，外貨による数値の関連性が円貨の財務諸表に引き継がれる結果となります。財務諸表項目の換算に使用する為替相場は以下のとおりです。

①貸借対照表
　資産及び負債：資産及び負債は決算時の為替相場で換算します。
　資本：親会社による株式の取得時における資本項目は株式取得時の為替相場で換算します。親会社による株式取得後に発生した資本項目は発生時の為替相場で換算します。
②損益計算書
　収益及び費用：収益及び費用は，原則として，期中平均相場で換算しますが，決算時の為替相場で換算することもできます。親会社との取引による収益及び費用の換算は親会社の円貨の金額と一致させるため，親会社が換算に用いた為替相場を使用します。この場合に生じた差額は当期の為替差損益として処理します。

　在外子会社の貸借対照表項目の換算によって生じた換算差額は「為替換算調整勘定」として貸借対照表の純資産の部に計上します。為替換算調整勘定とは，在外子会社等の財務諸表の換算において，決算時の為替相場で換算される資産及び負債項目の円貨額と取得時または発生時の為替相場で換算される資本項目の円貨額との差額を表します。為替換算調整勘定は在外子会社の貸借対照表項目の換算手続の結果発生するものであり，在外子会社の経営成績とは関連性がないため，損益計算書ではなく純資産の部の「その他の包括利益累計額」の一項目として独立表示されます。

〈外貨表示貸借対照表項目の換算〉

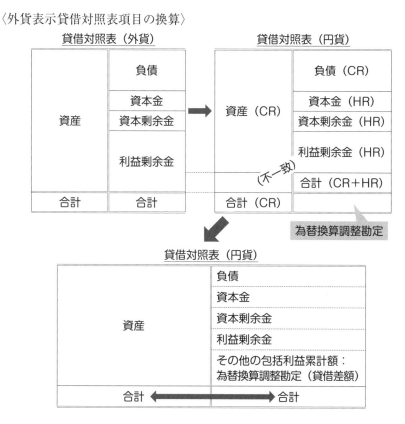

在外子会社の利益剰余金の円貨への換算は以下のように行われます。

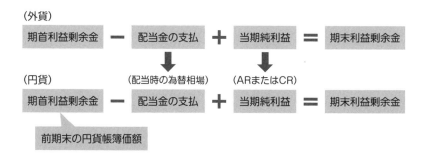

たとえば，親会社が議決権の100%を保有している在外子会社の期首利益剰余金の金額が1,000ドル，当期純利益が300ドル，親会社への配当金が150

ドルの場合に，円貨による期末利益剰余金の金額は，以下のように算定します。

　期首利益剰余金の円貨による帳簿価額が130,000円，期中平均相場は1ド
ル＝110円，配当金支払時の為替相場は1ドル＝105円であった。

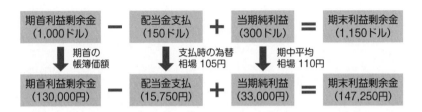

〈外貨表示損益計算書項目の換算〉

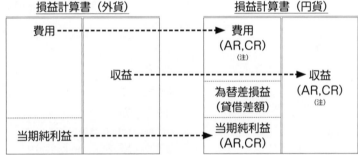

（注）親会社との取引に関するものは親会社が用いる為替相場を適用します。
　　　その結果，換算差額が発生します。

[練習問題 14-5]

　次の資料に基づき，在外子会社S社の20X3年3月31日に終了した会計年度の円貨に
よる貸借対照表および損益計算書を作成しなさい。損益計算書項目の換算は期中平均
相場を適用する。

［資料1］
⑴　P社（親会社）は，20X1年4月1日に米国に子会社（S社）を資本金1,000ド
　ルで設立した。
⑵　S社の20X2年3月31日に終了した会計年度の当期純利益は300ドルであった。
⑶　S社の20X3年3月31日に終了した会計年度の当期純利益は350ドルで配当金200
　ドルを支払った。

[資料2]

⑴　20X1年4月1日の為替相場は1ドル＝120円であった。

⑵　20X2年3月31日に終了した会計年度の期中平均相場は1ドル＝110円であった。

⑶　20X3年3月31日に終了した会計年度の期中平均相場は1ドル＝105円であった。

⑷　配当金支払時の為替相場は1ドル＝108円であった。

⑸　20X3年3月31日の決算時の為替相場は1ドル＝100円であ。

⑹　20X3年2月1日にS社はP社に商品200ドルを販売しており，P社は1ドル＝106円で換算している。

[資料3]

S社の20X3年3月31日に終了した会計年度の財務諸表

貸借対照表
20X3年3月31日現在
（単位：ドル）

現金預金	550	買掛金	250
売掛金	350	借入金	300
繰越商品	300	資本金	1,000
土地	500	利益剰余金	450
備品	300		
	2,000		2,000

損益計算書
自20X2年4月1日至20X3年3月31日
（単位：ドル）

売上原価	600	売上高	1,200
販売費及び一般管理費	200		
支払利息	50		
当期純利益	350		
	1,200		1,200

〈解答〉

S社の円貨表示貸借対照表

貸借対照表
20X3年3月31日現在
(単位：円)

現金預金	55,000	買掛金	25,000
売掛金	35,000	借入金	30,000
繰越商品	30,000	資本金	120,000
土地	50,000	利益剰余金	48,150
備品	30,000	為替換算調整勘定	△23,150
	200,000		200,000

資産：現金預金，売掛金，繰越商品，土地，備品は，決算時の為替相場（1ドル＝100円）で換算
負債：買掛金，借入金は，決算時の為替相場（1ドル＝100円）で換算
資本金：発生時（20X1年4月1日）の為替相場（1ドル＝120円）で換算
利益剰余金：48,150円（33,000円＋36,750円－21,600円）
期首利益剰余金：33,000円（300ドル×110円）前年度の期中平均相場（1ドル＝110円）
当期純利益：36,750円（350ドル×105円）当期の期中平均相場（1ドル＝105円）
配当金：21,600円（200ドル×108円）配当金支払時の為替相場（1ドル＝108円）

S社の円貨表示損益計算書

損益計算書
自20X2年4月1日至20X3年3月31日
(単位：円)

売上原価	63,000	売上高	126,200
販売費及び一般管理費	21,000		
支払利息	5,250		
為替差損	200		
当期純利益	36,750		
	126,200		126,200

費用：売上原価，販売費及び一般管理費および支払利息は当期の期中平均相場（1ドル＝105円）で
　　　換算
当期純利益：36,750円（350ドル×105円）は当期の期中平均相場（1ドル＝105円）で換算
売上高：126,200円（1,000ドル×105円＋200ドル×106円）
親会社への売上高は親会社が換算に用いる為替相場（1ドル＝106円）で換算
その他の売上高は当期の期中平均相場（1ドル＝105円）で換算

第15章 **本支店会計**

1. 本支店会計の意義と範囲

　本支店会計とは，企業が本店とは別に各地域に支店を設ける場合の会計制度をいいます。支店の取引をすべて本店で記帳し支店は帳簿を備えていない場合を「本店集中会計制度」といい，支店においても帳簿を備え決算を行う場合を「支店独立会計制度」といいます。さらに，支店独立会計制度は支店相互間の取引を本店の帳簿を経由する場合と経由しない場合があります。前者を「本店集中計算制度」後者を「支店分散計算制度」といいます。本店集中計算制度では，支店間相互の取引はすべて本店に通知する必要があります。

　支店独立会計制度では，本店および各支店で財務諸表が作成され本支店の財務諸表を合算し本支店間の取引及び債権債務の相殺消去および内部利益の控除が行われ，外部報告目的の財務諸表が作成されます。

2. 本支店間取引

　支店独立会計制度では，支店においても資産，負債，収益，費用の各勘定が設けられます。本店においては支店勘定，支店においては本店勘定が設け

られ，支店勘定および本店勘定を用いて本支店間の取引を記帳します。本支店間の取引としては，①本店と支店間の商品の売買（移転），②他店の債権・債務の回収・弁済代行，③他店の費用の支払代行等が考えられます。たとえば，本店が支店に内部利益（200円）を付加して原価1,000円の商品を販売した場合，本店では，「支店への売上」が計上され，支店では，「本店より仕入」が計上されます。

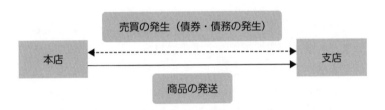

実線は現物の流れを示し，点線は取引の流れを示しています。

上記の取引を仕訳で示せば，次のようになります。

本店

借方		貸方	
支店	1,200	支店への売上	1,200

支店

借方		貸方	
本店より仕入	1,200	本店	1,200

　本店が支店の得意先から売掛金1,000円を現金で回収した場合は，本店では現金の増加，支店では売掛金の減少となり，本支店間では貸借関係が発生します。本店では現金の増加（借方）と支店に対する債務の発生（貸方），支店では本店に対する債権の発生（借方）と売掛金の減少（貸方）が生じます。

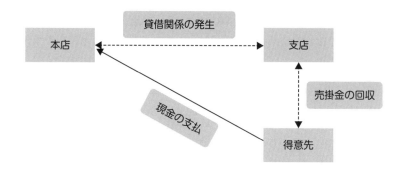

実線は現物の流れを示し，点線は取引の流れを示しています。

上記の取引を仕訳で示せば，次のようになります。

本店

借方		貸方	
現金	1,000	支店	1,000

支店

借方		貸方	
本店	1,000	売掛金	1,000

　貸借関係を示す本店の「支店勘定」と支店の「本店勘定」の金額は必ず一致します。

　支店間相互の取引の会計処理は支店分散計算制度と本店集中計算制度では異なります。たとえば，A支店がB支店に現金1,000円を送った場合，A支店では，現金の減少とB支店に対する債権が発生し，B支店は現金の増加とA支店に対する債務が発生します。

　支店分散計算制度の会計処理は，以下のようになります。

実線は現物の流れを示し，点線は取引の流れを示しています。

上記の取引の仕訳を支店分散計算制度で示せば，次のようになります。

A支店

借方		貸方	
B支店	1,000	現金	1,000

B支店

借方		貸方	
現金	1,000	A支店	1,000

本店

借方		貸方	
仕訳なし			

　本店集中計算制度では，上記のような支店間相互の取引でも，本店を経由して行われたとみなします。すなわち，現金はA支店から本店を経由してB支店に送られたと考えます。A支店は本店に対する債権，B支店は本店に対する債務が発生したと考えます。

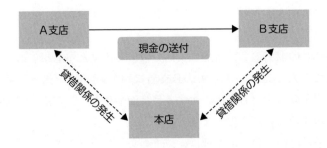

実線は現物の流れを示し，点線は取引の流れを示しています。

上記の取引の仕訳を本店集中計算制度で示せば，次のようになります。

A支店

借方		貸方	
本店	1,000	現金	1,000

B支店

借方		貸方	
現金	1,000	本店	1,000

本店

借方		貸方	
B支店	1,000	A支店	1,000

上記の本店の仕訳を分解すれば以下のようになります。

借方		貸方	
現金	1,000	A支店	1,000
B支店	1,000	現金	1,000

練習問題 15-1

　以下の取引について，支店分散計算制度および本店集中計算制度に基づいて本店，A支店およびB支店のそれぞれの仕訳を示しなさい。商品売買の記帳は三分法で行うこと。

⑴　A支店は，B支店に現金20,000円を送金しB支店はこれを入金した。本店はこの取引の通知を受けた。

⑵　B支店は，A支店に購入価額50,000円の商品を送った。本店はこの取引の通知を受けた。

⑶　A支店は，B支店の買掛金30,000円を小切手で支払った。本店はこの取引の通知を受けた。

⑷　A支店は，B支店のために備品40,000円を購入し小切手で支払った。備品はB支店に納入された。本店はこの取引の通知を受けた。

〈解答〉
支店分散計算制度

A支店

	借方		貸方	
(1)	B支店	20,000	現金	20,000
(2)	仕入	50,000	B支店	50,000
(3)	B支店	30,000	当座預金	30,000
(4)	B支店	40,000	当座預金	40,000

B支店

	借方		貸方	
(1)	現金	20,000	A支店	20,000
(2)	A支店	50,000	仕入	50,000
(3)	買掛金	30,000	A支店	30,000
(4)	備品	40,000	A支店	40,000

本店

	借方		貸方	
(1)	仕訳なし			
(2)	仕訳なし			
(3)	仕訳なし			
(4)	仕訳なし			

本店集中計算制度

A支店

	借方		貸方	
(1)	本店	20,000	現金	20,000
(2)	仕入	50,000	本店	50,000
(3)	本店	30,000	当座預金	30,000
(4)	本店	40,000	当座預金	40,000

B支店

	借方		貸方	
(1)	現金	20,000	本店	20,000
(2)	本店	50,000	仕入	50,000
(3)	買掛金	30,000	本店	30,000
(4)	備品	40,000	本店	40,000

本店

	借方		貸方	
(1)	B支店	20,000	A支店	20,000
(2)	A支店	50,000	B支店	50,000
(3)	B支店	30,000	A支店	30,000
(4)	B支店	40,000	A支店	40,000

3. 本支店会計の決算処理

　支店独立会計制度では，本店および各支店は期末に決算整理を行い決算整理後試算表を作成します。その後，外部報告目的の財務諸表作成のため本支店合併財務諸表を作成します。本支店合併財務諸表の作成の手順は以下のとおりです。

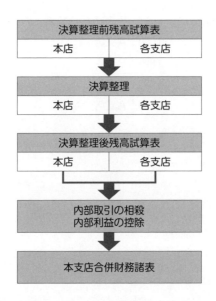

　本支店の財務諸表では，本店の「支店勘定」と支店の「本店勘定」の残高は同額となります。しかし，本支店間又は支店間相互の取引が相手方に未通知の場合は残高が一致しない場合があります。このような状況を未達取引といいます。たとえば，本店で支店の買掛金10,000円を支払ったが支店に未通知の場合には，本店では支店勘定に記帳していますが支店では本店勘定に記帳されていないため本店の支店勘定残高と支店の本店勘定残高で差異が発生します。このような未達整理事項がある場合，決算整理において，この差異を調整するための会計処理を行う必要があります。

上記の場合，支店で以下のような仕訳が必要になります。

借方		貸方	
買掛金	10,000	本店	10,000

4．内部取引の相殺と内部利益の控除

　本支店間の内部取引，すなわち，本支店間の仕入と売上，本店の支店勘定と支店の本店勘定は本支店合併財務諸表を作成する場合には，企業内部取引のため相殺されます。また，本支店間の商品売買において利益を付加する場合があります。このような取引は本支店間で商品を送付しただけで，当該商品が外部に販売されないかぎり，利益が実現したことにはなりません。したがって，本支店の期末在庫に内部利益が含まれている場合には，内部利益を控除する必要があります。内部利益の控除の会計処理はいくつかの方法がありますが，内部利益を繰越商品から直接控除する場合と，内部利益を管理上把握するために（借方）繰延内部利益控除（貸方）繰延内部利益という会計処理をする場合があります。

以下の20X1度（決算日3月31日）のA株式会社の本店と支店の決算整理後残高試算表（未達整理事項は含まれていません。）に基づき未達整理事項を反映した本支店合併精算表を作成しなさい。

決算整理後残高試算表
20X1年3月31日
(単位：円)

借方	本店	支店	合計	貸方	本店	支店	合計
現金預金	26,000	10,000	36,000	買掛金	63,000	43,000	106,000
売掛金	78,000	53,000	131,000	借入金	25,000	—	25,000
繰越商品	50,000	11,000	61,000	建物・備品減価償却累計額	64,000	46,000	110,000
建物	100,000	50,000	150,000	本店	—	39,000	39,000
備品	50,000	20,000	70,000	資本金	80,000		80,000
支店	45,000	—	45,000	資本剰余金	30,000		30,000
仕入	120,000	24,000	144,000	利益剰余金	65,000		65,000
本店より仕入	—	32,000	32,000	売上	150,000	100,000	250,000
販売費	26,000	20,000	46,000	支店への売上	32,000		32,000
一般管理費	15,000	8,000	23,000	受取手数料	2,000	—	2,000
支払手数料	1,000	—	1,000				
	511,000	228,000	739,000		511,000	228,000	739,000

未達整理事項

(1) 支店から本店に送った現金2,000円が本店に未通知であった。

(2) 本店の買掛金3,000円を支店が立替払いをしたが本店に未通知であった。

(3) 支店の従業員の旅費交通費1,000円を本店が立替払いしたが支店に未通知であった。

(4) 支店の繰越商品には内部利益1,000円が含まれている。

〈解答〉

1. 未達整理事項

(1) 本店の仕訳（現金の未通知）

借方		貸方	
現金	2,000	支店	2,000

(2) 本店の仕訳（買掛金立替払いの未通知）

借方		貸方	
買掛金	3,000	支店	3,000

(3) 支店の仕訳（旅費交通費立替払いの未通知）

借方		貸方	
旅費交通費（販売費）	1,000	本店	1,000

2. 内部取引の相殺

(1) 本店勘定と支店勘定の相殺

借方		貸方	
本店	40,000	支店	40,000

(2) 支店への売上と本店より仕入の相殺

借方		貸方	
支店への売上	32,000	本店より仕入	32,000

3. 内部利益の控除

借方		貸方	
繰越内部利益控除	1,000	繰越内部利益	1,000

　本支店合併損益計算書を作成する場合，繰越内部利益控除は仕入（売上原価）に加算され繰越内部利益は繰越商品から控除されます。

　未達整理事項を修正した結果，下記の残高試算表の「支店勘定」と「本店勘定」の残高が40,000円で一致しました。貸借対照表および損益計算書は「本店勘定」と「支店勘定」「本店より仕入」と「支店への売上」および内部利益を相殺消去して作成されます。

本支店合併精算表
20X1年3月31日

（単位：円）

勘定科目	本支店合算残高試算表 借方	貸方	修正未達事項内部利益控除 借方	貸方	損益計算書 借方	貸方	貸借対照表 借方	貸方
現金預金	36,000		2,000				38,000	
売掛金	131,000						131,000	
繰越商品	61,000						61,000	
繰越内部利益				1,000				1,000
建物	150,000						150,000	
備品	70,000						70,000	
支店	45,000			2,000 3,000 40,000			—	
買掛金		106,000	3,000					103,000
借入金		25,000						25,000
建物・備品減価償却累計額		110,000						110,000
本店		39,000	40,000	1,000				—
資本金		80,000						80,000
資本剰余金		30,000						30,000
利益剰余金		65,000						65,000
仕入	144,000				144,000			
繰越内部利益控除				1,000	1,000			
本店より仕入	32,000			32,000	—			
販売費	46,000		1,000		47,000			
一般管理費	23,000				23,000			
支払手数料	1,000				1,000			
売上		250,000				250,000		
支店への売上		32,000	32,000		—			
受取手数料		2,000				2,000		
税引前当期利益					36,000			36,000
	739,000	739,000	79,000	79,000	252,000	252,000	450,000	450,000

第16章 キャッシュ・フロー計算書

1. キャッシュ・フロー計算書の意義と範囲

　キャッシュ・フロー計算書が，1998年に導入されるまでは，基本財務諸表は，損益計算書と貸借対照表でした。導入前は，財務諸表におけるキャッシュ情報は，貸借対照表において決算日現在の現金預金の残高というストック情報のみが表示され，会計期間中のキャッシュの流入・流出というフローに関する情報は提供されていませんでした。損益計算書は会計期間の経営成績を明らかにするため実現主義および発生主義で作成される結果，利益は必ずしもキャッシュの増加につながらず，利益を計上していても資金不足のリスクが残ります。たとえば，損益計算書では，商品を信用取引（掛売り）で販売した場合，代金の入金がなくても売上が認識されます。仮に，この売掛金の回収と商品購入および経費等の支払いのタイミングの違いにより（支払が先に行われ回収が後になる場合），資金不足となる可能性があります。損益計算書では，資金が不足しているという情報までは表示されていません。一方，キャッシュ・フロー計算書では，キャッシュの増加（源泉）および減少（使途）が表示されるため，過去の一定期間のキャッシュ・フローの状況が明らかになります。また，貸借対照表および損益計算書には見積の要素が含まれ，見積金額により貸借対照表および損益計算書の数値が実際の発生額と異なる場合があります。キャッシュ・フロー計算書は実際のキャッシュ・フローの増減を示すため見積による影響を受けることはありません。キャッシュ・フロー計算書は貸借対照表および損益計算書では得られないキャッシュ・フローの状況を表示する基本財務諸表の1つです。また，キャッシュ・フロー計算書は，M&A等の場合に使用される将来キャッシュ・フローの資料の一部として使用されこともあります。キャッシュ・フロー計算書の作成は，企業会計審議会が公表した「連結キャッシュ・フロー計算書等の作成基準」および

会計制度委員会報告第8号「連結財務諸表等におけるキャッシュ・フロー計算書の作成に関する実務指針」に規定されています。個別財務諸表のキャッシュ・フロー計算書の作成は，連結キャッシュ・フロー計算書の作成基準と同一であるため，「連結キャッシュ・フロー計算書等の作成基準」を準用します。

キャッシュ・フロー計算書の利用目的として以下が考えられます。

①財務の流動性の評価（債務の支払能力の状態）

②財務の柔軟性の評価（有利子負債の返済原資の創出と手元資金の状態）

③フリーキャッシュ・フローの状態の評価（フリーキャッシュ・フローとは，営業活動から得た資金から，企業が存続し続けるために必要な固定資産投資などを控除したもので，企業の経営者が柔軟に使用できる手元に残るキャッシュを意味します）

2. キャッシュ・フロー計算書の資金

キャッシュ・フロー計算書で表示されるキャッシュとは「資金」を意味し，資金の範囲には，現金と現金同等物が含まれます。現金とは，手許現金および要求払預金を意味します。要求払預金とは，預金者が一定の期間を経ることなく引き出すことができる預金をいい，たとえば，当座預金，普通預金，通知預金が含まれます。預入期間の定めがある定期預金は要求払預金には含まれません。現金同等物とは，容易に換金可能であり，かつ，価値の変動について僅少なリスクしか負わない短期投資をいい，たとえば，取得日から満期日または償還日までの期間が3ヶ月以内の短期投資である定期預金，譲渡性預金，コマーシャル・ペーパー，売戻し条件付現先，公社債投資信託が含まれます。価値変動リスクが僅少といえない市場性のある株式等やその運用期間が比較的長期の金融商品への投資は現金同等物には含まれません。現金同等物に含まれるかどうかは，各企業の資金管理活動により異なり，換金が容易か否か，価値変動リスクが僅少かどうか，運用期間が短期かどうか等について経営者の判断が入ります。この経営者の判断を明らかにするために資金の範囲に含まれる現金及び現金同等物の内容を会計方針として開示します。キャッシュ・フロー計算

書上の現金及び現金同等物の期末残高と貸借対照表上の現金預金の期末残高との関係について調整が必要な場合は，その調整を注記する必要があります。

3. キャッシュ・フロー計算書の表示区分

(1) キャッシュ・フロー計算書の区分

キャッシュ・フロー計算書は「営業活動によるキャッシュ・フロー」「投資活動によるキャッシュ・フロー」「財務活動によるキャッシュ・フロー」の区分に分けられ，各区分に含まれるキャッシュ・フローは以下のようになります。

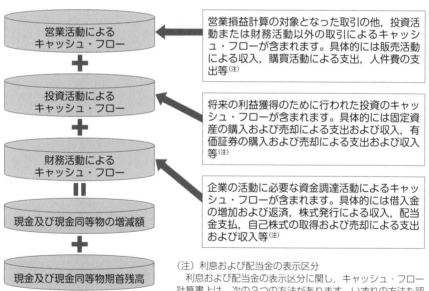

営業活動によるキャッシュ・フロー

営業損益計算の対象となった取引の他，投資活動または財務活動以外の取引によるキャッシュ・フローが含まれます。具体的には販売活動による収入，購買活動による支出，人件費の支出等(注)

投資活動によるキャッシュ・フロー

将来の利益獲得のために行われた投資のキャッシュ・フローが含まれます。具体的には固定資産の購入および売却による支出および収入，有価証券の購入および売却による支出および収入等(注)

財務活動によるキャッシュ・フロー

企業の活動に必要な資金調達活動によるキャッシュ・フローが含まれます。具体的には借入金の増加および返済，株式発行による収入，配当金支払，自己株式の取得および売却による支出および収入等(注)

現金及び現金同等物の増減額

現金及び現金同等物期首残高

現金及び現金同等物期末残高

（注）利息および配当金の表示区分

　利息および配当金の表示区分に関し，キャッシュ・フロー計算書上は，次の2つの方法があります。いずれの方法も認められていますが，継続適用が要求されます。

　① 受取利息，受取配当金および支払利息は「営業活動によるキャッシュ・フロー」の区分に記載し，支払配当金は「財務活動によるキャッシュ・フロー」の区分に記載する方法。

　② 受取利息および受取配当金は「投資活動によるキャッシュ・フロー」の区分に記載し，支払利息および支払配当金は「財務活動によるキャッシュ・フロー」の区分に記載する方法。

(2) キャッシュ・フロー計算書の表示方法

　営業活動によるキャッシュ・フローの表示方法は「直接法」と「間接法」の2通りがあり，いずれの方法も認められていますが，継続適用が要求されます。

　直接法は，主要な販売活動および購買活動によるキャッシュ・フローを総額で表示する方法で，間接法は，税引前当期純利益を基準にして非資金損益項目を調整し，営業資産および営業負債の増減額を加減算して「営業活動によるキャッシュ・フロー」を表示する方法です。非資金損益項目とは，減価償却費，減損損失，貸付金に係る貸倒引当金増加額等のように税引前当期純利益の計算上は費用項目ですが，キャッシュ・フローを伴わない項目をいいます。しかし，営業債権の貸倒償却損，棚卸資産の評価損等のような営業資産および営業負債に関連して発生した非資金損益項目は営業資産および営業負債の増減額に含めます。たとえば，棚卸資産の評価損は棚卸資産の増減額に含め「営業活動によるキャッシュ・フロー」の区分で表示します。棚卸資産の評価損と棚卸資産の増減額は「営業活動によるキャッシュ・フロー」という同一の区分で表示されるため，区分表示しなくても投資家の判断に大きな影響が無いと考えられるからです。直接法は財務諸表の勘定科目の詳細な情報が必要なため，実務的には，ほとんどの企業は間接法を採用しています。

　「投資活動によるキャッシュ・フロー」および「財務活動によるキャッシュ・フロー」に表示される主要な取引ごとのキャッシュ・フローは，原則として総額表示しなければなりません。ただし，期間が短く，かつ，回転が速い項目に係るキャッシュ・フローについては純額で表示することができます。たとえば，短期間に連続して借換えが行われる短期借入金などにおいては，これらのキャッシュ・フローを総額表示するとキャッシュ・フローの金額が大きくなり投資家の判断を誤らせる可能性があるからです。

　キャッシュ・フロー計算書の「直接法」と「間接法」の様式は以下のようになります。

直接法によるキャッシュ・フロー計算書
キャッシュ・フロー計算書
自20X1年4月1日至20X2年3月31日

Ⅰ営業活動によるキャッシュ・フロー

営業収入	×××
原材料又は商品の仕入支出	△×××
人件費支出	△×××
その他の営業支出	△×××
小計	×××
利息及び配当金の受取額	×××
利息の支払額	△×××
損害賠償の支払額	△×××
------------------	×××
法人税等の支払額	△×××
営業活動によるキャッシュ・フロー	×××

Ⅱ投資活動によるキャッシュ・フロー

有形固定資産の取得による支出	△×××
有形固定資産の売却による収入	×××
投資有価証券の取得による支出	△×××
投資有価証券の売却による収入	×××
投資活動によるキャッシュ・フロー	×××

Ⅲ財務活動によるキャッシュ・フロー

短期借入金の純増減額(△は減少)	×××
長期借入金による収入	×××
長期借入金の返済による支出	△×××
社債の発行による収入	×××
社債の償還による支出	△×××
新株の発行による収入	×××
配当金の支払額	△×××
財務活動によるキャッシュ・フロー	×××
現金及び現金同等物に係る換算差額	×××
現金及び現金同等物の増減額(△は減少)	×××
現金及び現金同等物の期首残高	×××
現金及び現金同等物の期末残高	×××

同額

間接法によるキャッシュ・フロー計算書
キャッシュ・フロー計算書
自20X1年4月1日至20X2年3月31日

Ⅰ営業活動によるキャッシュ・フロー

税引前当期純利益	×××
減価償却費	×××
減損損失	×××
受取利息及び受取配当金	△×××
支払利息	×××
売上債権の増減額(△は増加)	△×××
棚卸資産の増減額(△は増加)	△×××
仕入債務の増減額(△は減少)	×××
------------------	×××
小計	×××
利息及び配当金の受取額	×××
利息の支払額	△×××
損害賠償の支払額	△×××
------------------	×××
法人税等の支払額	△×××
営業活動によるキャッシュ・フロー	×××

Ⅱ投資活動によるキャッシュ・フロー
(直接法と同じ)

投資活動によるキャッシュ・フロー	×××

Ⅲ財務活動によるキャッシュ・フロー
(直接法と同じ)

財務活動によるキャッシュ・フロー	×××
現金及び現金同等物に係る換算差額	×××
現金及び現金同等物の増減額(△は減少)	×××
現金及び現金同等物の期首残高	×××
現金及び現金同等物の期末残高	×××

4. キャッシュ・フロー計算書の作成方法

キャッシュ・フロー計算書は期首と期末の貸借対照表項目の増減分析を行い，非資金損益項目を調整して作成します。

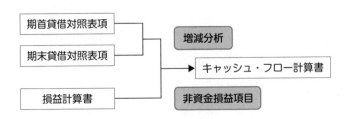

キャッシュ・フローは以下のように算定します。

①当期の売上高が20,000円（すべて掛売），期首の売掛金残高が1,000円，期末の売掛金残高が1,500円の場合，営業収入（資金の流入）は19,500円となります。

売上高			売掛金			
	売掛金	20,000	期首残高	1,000	回収額	19,500
			売上高	20,000	期末残高	1,500

売掛金の期首と期末の差額を売上高から減算すれば営業収入が求められます。

②当期の売上原価が20,000円（商品仕入はすべて掛仕入），期首の商品残高が1,500円，期末の商品残高が2,000円，期首の買掛金残高が900円，期末の買掛金残高が1,000円の場合，商品の仕入れによる支出額は20,400円となります。

買掛金				商品			
支払額	20,400	期首残高	900	期首残高	1,500	売上原価	20,000
期末残高	1,000	仕入	20,500	仕入	20,500	期末残高	2,000

損益計算書の売上原価に，商品の期首と期末の差額を加算し，当期仕入

高を算定し，その金額に買掛金の期首と期末の差額を減算して支出額が求められます。

③当期の給料が10,000円，期首の給与未払額が800円，期末の給与未払額が1,000円の場合，人件費の支出額は9,800円となります。

給料

支払額	9,800	期首未払	800
期末未払	1,000	損益	10,000

未払給料の期首と期末の差額を損益計算書で費用処理された給与から減算すれば，人件費の支出額が求められます。

④当期の減価償却費が10,000円，期首の備品帳簿価額が50,000円，期末の備品帳簿価額が60,000円，当期の備品売却額が6,000円（帳簿価額10,000円，備品売却損4,000円）の場合，当期の備品取得による支出額は30,000円となります。

備品（帳簿価額）

期首残高	50,000	減価償却費	10,000
支出額	30,000	売却	10,000
		期末残高	60,000

非資金損益項目

備品（帳簿価額）の期首と期末の差額に減価償却費及び売却された備品の帳簿価額を加算すれば，備品取得による支出額が求められます。また，備品の売却による収入は6,000円あります。

　上記①から④の営業資産および営業負債の増減と非資金損益項目および備品の売却を以下のような分析表を使用すれば，間接法のキャッシュ・フロー計算書を容易に作成することができます。上記の例に以下の資料を追加します。

資本金：期首および期末残高が30,000円。
利益剰余金：期首残高が23,400円，期末残高が33,400円。
税引前当期純利益が10,000円。
現金：期首残高が2,600円，期末残高が1,900円。

(単位：円)

	現金	売掛金	商品	備品	買掛金	未払給料	資本金	利益剰余金	キャッシュ・フロー
期末	1,900	1,500	2,000	60,000	(1,000)	(1,000)	(30,000)	(33,400)	0
Ⅰ 営業活動によるキャッシュ・フロー									
税引前当期純利益								10,000	10,000
減価償却費				10,000					10,000
有形固定資産売却損				4,000					4,000
売上債権の増加額		(500)							(500)
棚卸資産の増加額			(500)						(500)
仕入債務の増加額					100				100
その他						200			200
Ⅱ 投資活動によるキャッシュ・フロー									
有形固定資産の購入				(30,000)					(30,000)
有形固定資産の売却による収入				6,000					6,000
Ⅲ 財務活動によるキャッシュ・フロー									
現金の減少	700								(差額)700
期首	2,600	1,000	1,500	50,000	(900)	(800)	(30,000)	(23,400)	0

キャッシュ・フローの増減分析の（　）はキャッシュ・フローの減少を意味しています（現金は除く）

練習問題　16-1

以下の資料に基づき20X2年3月31日に終了した事業年度のキャッシュ・フロー計算書（間接法）を作成しなさい。受取利息，受取配当金および支払利息は「営業活動によるキャッシュ・フロー」の区分に記載し，支払配当金は「財務活動によるキャッシュ・フロー」の区分に記載する方法によること。

[資料1]

20X1年3月31日および20X2年3月31日の貸借対照表は，以下のとおりである。

貸借対照表　　　　　（単位：円）

資産の部	20X1年3月31日	20X2年3月31日
流動資産：		
現金	6,000	15,200
売掛金・受取手形	32,000	36,500
棚卸資産	47,000	50,000
その他流動資産	500	1,500
流動資産合計	85,500	103,200
固定資産：		
有形固定資産：		
土地	20,000	20,000
建物	50,000	60,000
機械装置	13,050	16,550
減価償却累計額	△30,550	△35,550
有形固定資産合計	52,500	61,000
無形固定資産：		
のれん	1,400	800
投資その他の資産：		
投資有価証券	4,100	5,000
資産合計	143,500	170,000

負債及び純資産の部	20X1年3月31日	20X2年3月31日
流動負債：		
買掛金	22,650	34,000
短期借入金	10,500	7,500
未払法人税等	1,500	2,000
その他流動負債	16,900	17,500
流動負債合計	51,550	61,000
固定負債：		
長期借入金	11,000	18,200
負債合計	62,550	79,200
純資産：		
資本金	16,000	19,000
利益剰余金	64,950	71,800
純資産合計	80,950	90,800
負債純資本合計	143,500	170,000

[資料2]

　20X2年3月31日に終了した事業年度の損益計算書は以下のとおりである。

損益計算書
自20X1年4月1日至20X2年3月31日　（単位：円）

売上高	160,000
売上原価	△122,000
売上総利益	38,000
販売費	△13,300
減価償却費	△8,600
営業利益	16,100
支払利息	△5,500
有価証券利息	900
固定資産売却益	2,500
税引前当期純利益	14,000
法人税，住民税及び事業税	△4,200
当期純利益	9,800

[資料3]

その他の資料

1．当期の長期借入金の借入は9,000円，返済は1,800円である。

2．当期に5,500円を短期で借入，短期借入金のうち8,500円を返済した。短　期借入金は，キャッシュ・フロー計算書では純額で表示する。

3．帳簿価額4,000円（取得価額7,000円）の機械装置を当期に売却し6,500円を現金で受け取った。

4．有形固定資産の当期購入額は20,500円であり，現金で支払った。

5．投資有価証券は，すべて満期保有目的の債券であり，増加部分は金利調整による有価証券利息である。

6．当期に3,000円の新株発行を行い現金で受け入れた。

7．当期に支払われた株主配当金は2,950円であつた。

8．のれんの減少はすべて減価償却によるものである。

9．その他流動負債には，未払利息（前期1,000円，当期1,300円）が含まれいる。

〈解答〉

キャッシュ・フロー計算書
自20X1年4月1日至20X2年3月31日　　　　（単位：円）

営業活動によるキャッシュ・フロー	
税引前当期純利益	14,000
減価償却費	8,600
支払利息	5,500
有価証券利息	△900
有形固定資産売却益	△2,500
売上債権の増加額	△4,500
棚卸資産の増加額	△3,000
仕入債務の増加額	11,350
その他の流動資産の増加額	△1,000
その他の流動負債の増加額	300
小計	27,850
利息の支払額	△5,200
法人税等の支払額	△3,700
営業活動によるキャッシュ・フロー	18,950
投資活動によるキャッシュ・フロー	
有形固定資産の取得による支出	△20,500
有形固定資産の売却による収入	6,500
投資活動によるキャッシュ・フロー	△14,000
財務活動によるキャッシュ・フロー	
短期借入金の純減少額	△3,000
長期借入による収入	9,000
長期借入金の返済による支出	△1,800
新株の発行による収入	3,000
配当金の支払額	△2,950
財務活動によるキャッシュ・フロー	4,250
現金及び現金同等物の増加額	9,200
現金及び現金同等物の期首残高	6,000
現金及び現金同等物の期末残高	15,200

キャッシュ・フロー計算書ワークシート

（単位：円）

	現金	売上債権	棚卸資産	その他流動資産	有形固定資産	のれん	投資有価証券	仕入債務	短期借入金	未払法人税等	その他流動負債	長期借入金	資本金	利益剰余金	計
期末残高	15,200	36,500	50,000	1,500	61,000	800	5,000	(34,000)	(7,500)	(2,000)	(17,500)	(18,200)	(19,000)	(71,800)	0
営業活動によるキャッシュ・フロー															
税引前当期純利益														14,000	14,000
減価償却費					8,000	600									8,600
支払利息														5,500	5,500
有価証券利息							(900)								(900)
有形固定資産売却益					(2,500)										(2,500)
売上債権の増加額		(4,500)													(4,500)
棚卸資産の増加額			(3,000)												(3,000)
仕入債務の増加額								11,350							11,350
その他流動資産の増加額				(1,000)											(1,000)
その他流動負債の増加額											300				300
利息の支払額											300			(5,500)	(5,200)
法人税等の支払額										500				(4,200)	(3,700)
投資活動によるキャッシュ・フロー															
有形固定資産の取得による支出					(20,500)										(20,500)
有形固定資産の売却による収入					6,500										6,500
財務活動によるキャッシュ・フロー															
短期借入金の減少（純額）									(3,000)						(3,000)
長期借入金による収入												9,000			9,000
長期借入金の返済による支出												(1,800)			(1,800)
新株発行による収入													3,000		3,000
配当金の支払額														(2,950)	(2,950)
現金の（増加）減少	(9,200)													(差額)(9,200)	0
期首残高	6,000	32,000	47,000	500	52,500	1,400	4,100	(22,650)	(10,500)	(1,500)	(16,900)	(11,000)	(16,000)	(64,950)	0

217

キャッシュ・フロー計算書

(1) 直接法および間接法によるキャッシュ・フロー計算書の作成

以下の資料に基づき直接法および間接法によるキャッシュ・フロー計算書を作成しなさい。

[資料 1]

貸借対照表

(単位：円)

	20X1年 4月1日	20X2年 3月31日		20X1年 4月1日	20X2年 3月31日
現金預金	20,000	31,000	買掛金	30,000	25,000
売掛金	30,000	40,000	未払金	5,000	6,000
繰越商品	25,000	35,000	長期借入金	30,000	35,000
建物（帳簿価額）	50,000	44,000	資本金	50,000	50,000
備品（帳簿価額）	20,000	26,000	利益剰余金	30,000	60,000
	145,000	176,000		145,000	176,000

[資料 2]

損益計算書
自20X1年 4 月 1 日至20X2年 3 月31日

(単位)

売上原価	60,000	売上高	130,000
販売費及び一般管理費	40,000		
当期純利益	30,000		
	130,000		130,000

[資料 3]

当期の取引は以下のとおりである。

売上高が130,000円（すべて掛売，売却原価60,000円）

仕入高が70,000円（すべて掛仕入）

販売費及び一般管理費の内訳

（人件費10,000円，建物減価償却費6,000円，備品減価償却費4,000円，その他　20,000円）

貸借対照表に計上されている期首及び期末の未払金残高は，給料に係る未払金（期首残高2,000円，期末残高2,500円），その他の販売費及び一般管理費に係る未払金（期

首残高3,000円，期末残高3,500円）であった。

　備品の購入高は10,000円であり，現金で支払った。

　長期借入金の借入は20,000円，返済は15,000円であった。

　期末の繰越商品には，棚卸減耗費および商品評価損は発生していない。

　上記以外に取引はないものとする。また，法人税等は考えないものとする。

〈解答〉

直接法によるキャッシュ・フロー計算書

キャッシュ・フロー計算書
自20X1年4月1日至20X2年3月31日　（単位：円）

Ⅰ　営業活動によるキャッシュ・フロー	
営業収入	120,000
商品の仕入れによる支出	△75,000
人件費の支払	△9,500
その他の営業支出	△19,500
小計	16,000
営業活動によるキャッシュ・フロー	16,000
Ⅱ　投資活動によるキャッシュ・フロー	
有形固定資産の取得による支出	△10,000
投資活動によるキャッシュ・フロー	△10,000
Ⅲ　財務活動によるキャッシュ・フロー	
長期借入による収入	20,000
長期借入金の返済による支出	△15,000
財務活動によるキャッシュ・フロー	5,000
現金及び現金同等物の増加額	11,000
現金及び現金同等物の期首残高	20,000
現金及び現金同等物の期末残高	31,000

〔キャッシュ・フローの分析〕

営業収入：120,000円　（130,000円－（40,000円－30,000円））

　　　　　　　　　当期売上高－（期末売掛金残高－期首売掛金残高）

当期仕入高：70,000円（60,000円＋（35,000円－25,000円））

　　　　　　　　　売上原価＋（期末棚卸高－期首棚卸高）

商品の仕入れによる支出：75,000円（70,000円－（25,000円－30,000円））

　　　　　　　　　　　当期仕入高－（期末買掛金残高－期首買掛金残高）

人件費の支払：9,500円（10,000円－（2,500円－2,000円））

　　　　　　　　給料等の人件費の発生額－（期末未払給料－期首未払給料）

その他の営業支出：19,500円（30,000円（人件費を除く）－（3,500円－3,000円）－
　　　　　　　　10,000円）

　　　　　　　　販売費及び一般管理費の発生額－（期末未払金－期首未
　　　　　　　　払金）－非資金損益項目（減価償却費）

間接法によるキャッシュ・フロー計算書

キャッシュ・フロー計算書
自20X1年4月1日至20X2年3月31日　　（単位：円）

I　営業活動によるキャッシュ・フロー	
税引前当期純利益	30,000
減価償却費	10,000
売上債権の増加額	△10,000
棚卸資産の増加額	△10,000
仕入債務の減少額	△5,000
その他	1,000
小計	16,000
営業活動によるキャッシュ・フロー	16,000

以下，直接法と同じ

第17章 連結会計

1. 連結会計の意義と範囲

　連結財務諸表とは，親会社と子会社などの支配従属関係にある2つ以上の会社から構成される企業集団を，単一の組織体（1つの企業）とみなして，親会社がこの企業集団の財政状態，経営成績およびキャッシュ・フローを総合的に報告するために作成される財務諸表をいい，連結財務諸表を作成するために行う会計処理を連結会計といいます。

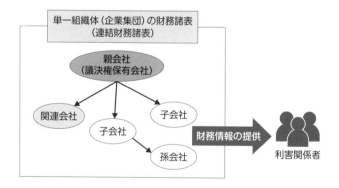

　連結財務諸表は誰のために作成するかに関し「親会社説」と「経済的単一説」があります。「親会社説」は，連結財務諸表は親会社の株主の立場から作成するという考え方であり，「経済的単一説」は，連結財務諸表は企業集団を構成する親会社および子会社のすべての株主のために作成するという考え方です。

　連結財務諸表は，主として以下の目的で作成されます。

①企業集団の財政状態および経営成績の把握と企業集団の価値測定

事業を営まない持株会社（純粋持株会社）が株式を上場し傘下の子会社が事業を展開するという組織形態が増加しています。持株会社の資産は子会社株式または（および）関連会社株式のみで，収益は受取配当金および管理手数料等，費用は管理維持費のみということになり，これでは持株会社の個別財務諸表だけでは，企業集団の事業範囲及び規模を投資家は知ることができません。このような場合，連結財務諸表で企業集団の財政状態および経営成績の情報と企業集団の価値測定の情報を得ることができます。

②利益操作の防止

親会社の個別財務諸表が中心だった時代は，子会社を利用して親会社が不当に多額の利益を計上するケースが発生していました。企業集団を1つの企業と考えれば，親会社が子会社に商品を販売して多額の利益を計上しても，子会社がグループ外部に当該商品を販売しないかぎり利益は実現しません。連結財務諸表では，子会社に対する取引で親会社が計上した利益（未実現利益）は連結会計上消去することになります。このことから，連結財務諸表には子会社を利用した利益操作を防止する役割があります。

連結財務諸表の会計処理および作成方法は，主として，企業会計基準第22号「連結財務諸表に関する会計基準」，企業会計基準適用指針第22号「連結財務諸表における子会社及び関連会社の範囲の決定に関する適用指針」，会計制度委員会報告第7号「連結財務諸表における資本連結手続に関する実務指針」，企業会計基準第16号「持分法に関する会計基準」および会計制度委員会報告第9号「持分法会計に関する実務指針」に規定されています。

連結財務諸表の範囲は以下のようになっています。

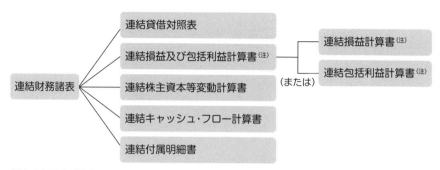

(注) 包括利益計算書とは，一定期間において認識された取引及び経済的事象（資本取引を除く）により生じた純資産の変動を報告する計算書で，その他の包括利益の内訳項目を表示するために作成する計算書です。包括利益を表示する方法には，当期純利益の表示と包括利益の表示を1つの計算書「連結損益及び包括利益計算書」で表示する方法（一計算方式），または当期純利益を表示する「連結損益計算書」と包括利益を表示する「連結包括利益計算書」の2つで表示する方法（二計算方式）があります。いずれの方法も認められていますが，継続適用が要求されます。二計算方式と一計算方式の様式は以下のようになります。

一計算方式	
（連結損益及び包括利益計算書）	
	×××
税金等調整前当期純利益	×××
法人税等	×××
当期純利益	2,000
（内訳）	
親会社に帰属する当期純利益	1,800
非支配株主に帰属する当期純利益	200
その他の包括利益：	
その他有価証券評価差額金	100
	50
その他の包括利益合計	150
包括利益	2,150
（内訳）	
親会社株主に係る包括利益	1,940
非支配株主に係る包括利益	210

二計算方式	
（連結損益計算書）	
	×××
税金等調整前当期純利益	×××
法人税等	×××
当期純利益	2,000
非支配株主に帰属する当期純利益	200
親会社に帰属する当期純利益	1,800

（連結包括利益計算書）	
当期純利益	2,000
その他の包括利益：	
その他有価証券評価差額金	100
	50
その他の包括利益合計	150
包括利益	2,150
（内訳）	
親会社株主に係る包括利益	1,940
非支配株主に係る包括利益	210

2. 連結財務諸表の会計基準

　連結財務諸表に関する会計基準は，企業が遵守すべき一般原則，連結財務諸表に含まれる親会社と子会社に係る一般基準，および連結財務諸表の作成の会計処理と表示方法を規定しています。

(1) 連結財務諸表作成における一般原則

　一般原則には，真実性の原則，基準性の原則，明瞭性の原則および継続性の原則があげられています。

　真実性の原則は「連結財務諸表は，企業集団の財政状態，経営成績及びキャッシュ・フローの状況に関して真実な報告を提供するものでなければならない」とされ，企業会計原則の一般原則で規定している「真実性の原則」と同様の趣旨で相対的真実性を意味しています。

　基準性の原則は「連結財務諸表は，企業集団に属する親会社及び子会社が一般に公正妥当と認められる企業会計の基準に準拠して作成した個別財務諸表を基礎として作成しなければならない」とされ，連結財務諸表は一般に公正妥当と認められる企業会計の基準に基づき作成された個別財務諸表を基に作成する旨を規定しています。

　明瞭性の原則は「連結財務諸表は，企業集団の状況に関する判断を誤らせないよう，利害関係者に対し必要な財務情報を明瞭に表示するものでなければならない」とされ，企業会計原則の一般原則で規定している「明瞭性の原則」と同様の趣旨で金額の総額表示，財務諸表の区分表示等の明瞭な表示を要請しています。

　継続性の原則は「連結財務諸表作成のために採用した基準及び手続は，毎期継続して適用し，みだりにこれを変更してはならない」とされ，企業会計原則の一般原則で規定している「継続性の原則」と同様の趣旨で連結の会計処理および表示方法の継続適用が求められています。

　連結財務諸表を作成するにあたっては，重要性の原則が適用され，企業集団の財政状態，経営成績およびキャッシュ・フローの状況に関する利害関係

者の判断を誤らせないかぎり，連結処理，連結財務諸表の表示等に関して簡便な方法が認められます。たとえば，重要性がない子会社の連結範囲からの除外，連結上，重要性がない個別財務諸表の修正項目の省略等があげられます。

(2) 連結財務諸表作成における一般基準

一般基準には「連結の範囲」「連結決算日」「親会社及び子会社の会計方針」が挙げられています。

①連結の範囲

親会社は，原則として，すべての子会社を連結の範囲に含め，連結財務諸表を作成します。ただし，支配が一時的であると認められる企業等，連結することにより利害関係者の判断を著しく誤らせるおそれのある企業は連結範囲に含まれません。また，子会社でその資産，売上高等を考慮して，連結の範囲から除いても企業集団の財政状態，経営成績およびキャッシュ・フローの状況に関する合理的な判断を妨げない程度に重要性の乏しいものは，連結の範囲に含めないことができます。このような連結の範囲に含まれなかった子会社を「非連結子会社」といい，連結に含まれる子会社を「連結子会社」といいます。

②子会社の範囲と関連会社の範囲

子会社の判定は，当該企業の意思決定機関を「支配」しているか否かに関して，実態を踏まえた実質的な判断が行われます。また，子会社が他の企業の意思決定機関を支配している場合における当該他の企業（いわゆる孫会社）も親会社の子会社になります。この基準を支配力基準といいます。

関連会社の判定は，当該企業の財務，営業または事業方針の決定に対して重要な影響を与えることができるか否かに関して実態を踏まえた実質的な判断が行われます。この基準を影響力基準といいます。

関係会社，子会社および関連会社の関連は，次の図のようになります。

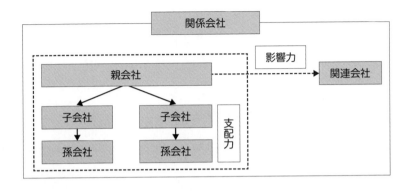

　支配力基準および影響力基準では，最初に自己の計算において所有している他の会社の議決権の所有割合を考慮し，次に実態として他の会社を支配しているかまたは影響力があるか否かを勘案して子会社または関連会社の範囲を判定します。子会社および関連会社の判定の概要は，有価証券の章に記載されています。

③連結決算日

　連結財務諸表の作成に関する会計期間は１年とし，親会社の会計期間に基づき年１回一定の日をもって連結決算日とします。子会社の決算日が連結決算日と異なる場合には，子会社は連結決算日に正規の決算に準ずる合理的な手続により個別財務諸表を作成しなければなりません。ただし，子会社の決算日と連結決算日の差異が３ヶ月を超えない場合には，子会社の正規の個別財務諸表に基づき連結決算を行うことができます。この場合には，子会社の決算日と連結決算日が異なることから生じる連結会社間の取引に係る会計記録の重要な不一致について，必要な整理を行わなければなりません。たとえば，親会社の決算日が３月31日で子会社の決算日が12月31日の場合，連結財務諸表の作成においては12月31日に終了した会計年度の子会社の個別財務諸表を用いることができます。ただし，１月１日から３月31日の間において親子間で重要な取引が発生した場合，当該取引は連結上修正されることになります。

④親会社および子会社の会計方針

　親会社と子会社の会計方針は，同一環境下で行われた同一の性質の取引等について，原則，統一する必要があります。同一の性質の取引に対して同じ会計処理を適用した個別財務諸表を基礎として作成された連結財務諸表は，企業集団の財政状態，経営成績およびキャッシュ・フローの状況を適切に表示することができるからです。原則として統一すると規定しているのは，合理的な理由がある場合または重要性がない項目を除いて統一しなければならないことを意味します。会計処理の統一に当たっては，子会社の会計処理を親会社の会計処理に合わせる場合のほか，親会社の会計処理を子会社の会計処理に合わせる場合も考えられます。

　在外子会社の財務諸表が国際財務報告基準または米国会計基準に準拠して作成されている場合には，当面の間，それらの個別財務諸表を連結決算上使用することができます。しかし，特定の項目に関しては，修正額に重要性が乏しい場合を除き，当該在外子会社の会計処理を修正しなければなりません。たとえば，在外子会社がのれんを償却していない場合，連結決算上は定額法その他の合理的な方法により規則的にのれんを償却し，当該償却額を当期の費用として修正処理を行います。また，在外子会社が「研究開発費等に係る会計基準」の対象となる研究開発費に該当する支出を資産計上している場合，連結決算上は当該金額を支出時の費用として修正を行います。

3. 連結財務諸表の作成

(1) 連結財務諸表の作成手順

連結財務諸表の作成手順は以下のようになります。

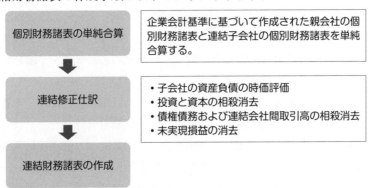

(2) 支配獲得日の連結財務諸表の作成

支配獲得日には，次のような連結修正仕訳が必要となります。

①子会社の資産負債の時価評価

会社が他の会社の株式を取得し，支配を獲得した時点で子会社のすべての資産および負債を支配獲得日の時価で評価します。たとえば，子会社の土地の帳簿価額が100万円で，時価が120万円の場合，連結修正仕訳として，土地を120万円に評価替えを行い，評価後の貸借対照表が連結されます。この評価替えによる差額は「評価差額」といわれ子会社の資本として処理します。評価差額は一時差異として税効果の対象となります。

子会社の個別貸借対照表			
諸資産	200	諸負債	150
土地	100	株主資本	150
	300		300

子会社の個別貸借対照表（時価評価）			
諸資産	200	諸負債	150
土地	120	株主資本	150
		評価差額	20
	320		320

連結修正仕訳は以下のようになります（税効果は考慮していません）。

借方		貸方	
土地	20	評価差額	20

　子会社の資産および負債を時価評価する方法として，すべての資産および負債を時価評価し，評価差額を持分に応じて非支配株主に帰属させる方法（全面時価評価法）と子会社の資産および負債の時価評価は，親会社の持分比率の部分のみとし，評価差額は非支配株主に帰属させないとする方法（部分時価評価法）があります。全面時価評価法は経済的単一説に基づく考え方であり，部分時価評価法は親会社説に基づいています。現行の連結財務諸表に関連する基準は全面時価評価法を採用しています。親会社以外の株主を「非支配株主」といいます。

②投資と資本の相殺消去
（ⅰ）支配獲得時
　会社が子会社を設立したまたは他の会社の株式を取得し支配を獲得した場合，子会社の資本と親会社の子会社株式は，親会社と子会社を 1 つの企業集団と考えれば，企業内部の資金の移動であり連結財務諸表を作成する場合には相殺消去する必要があります。

　投資と資本の相殺消去は，子会社に親会社以外の株主が存在しない場合（親会社持分割合が100％）と非支配株主が存在する場合（親会社持分割合が100％未満）があります。

〈子会社に親会社以外の株主が存在しない場合〉
　子会社に親会社以外の株主が存在しない場合は，子会社の資本はすべて親会社に帰属することになります。たとえば，ある会社が100万円を出資し子会社を設立した場合，以下のようになります。

子会社の貸借対照表（単位：百万円）

諸資産	100	資本金	100
	100		100

 内部資金移動

親会社の貸借対照表（単位：百万円）

諸資産	500	諸負債	300
子会社株式	100	資本金	300
	600		600

単純合算貸借対照表　（単位：百万円）

諸資産	600	諸負債	300
子会社株式	100	資本金	
		親会社	300
		子会社	100
	700		700

　単純合算貸借対照表では，親会社の子会社株式100万円と子会社の資本金100万円が二重に計上される結果となるため，親会社の子会社株式と子会社の資本金を相殺消去します。

連結修正仕訳

借方		貸方	
子会社資本金	100	子会社株式	100

連結貸借対照表　（単位：百万円）

諸資産	600	諸負債	300
		資本金	300
	600		600

　上記の例は，子会社を新規に設立した場合で子会社の資本金と親会社の子会社株式との間に差異は生じていません。しかし，ある会社の株式を取得し支配を獲得した場合，投資額（株式の取得原価）と子会社の資本に差異が生じることがあります。たとえば，以下のような場合です。

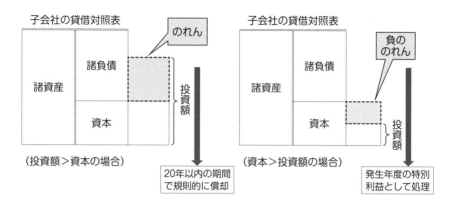

　投資額が子会社の資本[15]を超える場合の差額は超過収益力であると考え，この超過収益力をのれんとして計上します。のれんは時の経過等によりその価値は減少すると考える場合と，のれんは将来の収益力で，時の経過等ではその価値は減少しないとする考え方があります。前者の考え方は規則的に償却すべきであるとするもので，後者の考え方は収益力が低下した場合に減損損失を認識すべきとするものです。日本の会計基準は前者の立場に立ち，20年以内のその効果の及ぶ期間で定額法その他合理的な方法で規則的に償却することを要求しています。後者は国際財務報告基準の考え方で，のれんは償却せず，収益力の低下により投資額の回収が見込めなくなった場合，減損処理をすべきであると考えます。したがって，国際財務報告基準では，減損テストを少なくとも年1回実施しなければなりません。負ののれんは，その発生原因を分析し原因が受け入れた資産または引き受けた負債にある場合，負ののれんを当該資産負債に配分し，残額は発生時の特別利益として処理します。

　のれん償却に関する仕訳は，次のようになります。

借方		貸方	
のれん償却額	×××	のれん	×××

のれん償却額＝のれんの計上金額÷その効果の及ぶ期間

---

15) 子会社の資本とは，子会社の個別貸借対照表上の純資産の部の株主資本と評価・換算差額等および時価評価により生じた評価差額からなり，新株予約権および子会社が計上した非支配株主持分は含まれません。

20X1年3月31日にP社（決算日3月31日）は，S社のすべての議決権付株式を55,000千円で取得し連結子会社とした。取得日のP社およびS社の貸借対照表は，以下のとおりである。

<table>
<tr><td colspan="4" align="center">P社貸借対照表
20X1年3月31日（単位：千円）</td></tr>
<tr><td>諸資産</td><td align="right">115,000</td><td>諸負債</td><td align="right">80,000</td></tr>
<tr><td>土地</td><td align="right">30,000</td><td>資本金</td><td align="right">50,000</td></tr>
<tr><td>子会社株式</td><td align="right">55,000</td><td>資本剰余金</td><td align="right">20,000</td></tr>
<tr><td></td><td></td><td>利益剰余金</td><td align="right">50,000</td></tr>
<tr><td></td><td align="right">200,000</td><td></td><td align="right">200,000</td></tr>
</table>

<table>
<tr><td colspan="4" align="center">S社貸借対照表
20X1年3月31日（単位：千円）</td></tr>
<tr><td>諸資産</td><td align="right">65,000</td><td>諸負債</td><td align="right">40,000</td></tr>
<tr><td>土地</td><td align="right">20,000</td><td>資本金</td><td align="right">25,000</td></tr>
<tr><td></td><td></td><td>利益剰余金</td><td align="right">20,000</td></tr>
<tr><td></td><td align="right">85,000</td><td></td><td align="right">85,000</td></tr>
</table>

20X1年3月31日のS社の土地の時価は25,000千円であった。他の資産及び負債の帳簿価額は時価と同じである。20X1年3月31日の連結貸借対照表を作成しなさい。

〈解答〉

連結修正仕訳

20X1年3月31日（S社の資産および負債の時価評価）

借方		貸方	
土地	5,000	評価差額	5,000

20X1年3月31日（投資と資本の相殺消去）

借方		貸方	
資本金	25,000	子会社株式	55,000
利益剰余金	20,000		
評価差額	5,000		
のれん	5,000		

のれん：5,000千円（子会社株式55,000千円－（資本金25,000千円＋利益剰余金20,000千円＋評価差額5,000千円））

連結財務諸表を作成する場合，以下のような連結精算表が利用されます。

連結精算表　　　　　　　　　　　　　　（単位：千円）

勘定科目	個別財務諸表			連結修正		連結財務諸表
	P社	S社	合計	借方	貸方	
(貸借対照表)						
諸資産	115,000	65,000	180,000			180,000
土地	30,000	20,000	50,000	5,000		55,000
子会社株式	55,000		55,000		55,000	
のれん	—	—	—	5,000		5,000
資産合計	200,000	85,000	285,000	10,000	55,000	240,000
諸負債	80,000	40,000	120,000			120,000
資本金	50,000	25,000	75,000	25,000		50,000
資本剰余金	20,000	—	20,000			20,000
利益剰余金	50,000	20,000	70,000	20,000		50,000
評価差額	—	—	—	5,000	5,000	—
負債・純資産合計	200,000	85,000	285,000	50,000	5,000	240,000

連結貸借対照表
20X1年3月31日　　（単位：千円）

諸資産	180,000	諸負債	120,000
土地	55,000	資本金	50,000
のれん	5,000	資本準備金	20,000
		利益準備金	50,000
	240,000		240,000

〈非支配株主が存在する場合〉

　子会社に親会社以外の株主が存在する場合は，支配獲得日の子会社の資本は親会社に帰属する部分と非支配株主に帰属する部分に分けて考えます。

S社個別貸借対照表（時価評価後）
X1年3月31日現在　　（単位：千円）

諸資産	××××	諸負債	××××
		資本金	××××
		資本剰余金	××××
		利益剰余金	××××
		評価差額	××××
	××××		××××

> 持分比率に応じて分けて考える。
> 　親会社に帰属する部分
> 　非支配株主に帰属する部分

　親会社に帰属する部分は親会社の投資額と相殺消去し，投資と資本の差額はのれん（または負ののれん）として処理します。非支配株主に帰属する部分は非支配株主持分として処理し，純資産の部で株主資本と区分表示されます。たとえば，親会社が子会社の議決権付株式の80％を取得し，その時の子会社の資本が200千円である場合，非支配株主持分は40千円（200千円×20％）となります。投資と資本の相殺消去の連結修正仕訳は，次のようになります。

借方		貸方	
資本金	××××	子会社株式	××××
資本剰余金	××××	非支配株主持分	××××
利益剰余金	××××		
評価差額	××××		
のれん	××××		

非支配株主持分＝子会社の資本（資本金＋資本剰余金＋利益剰余金＋評価差額）
　　　　　　　×非支配株主の持分割合
のれん＝子会社株式の取得原価－子会社の資本（資本金＋資本剰余金＋利益
　　　剰余金＋評価差額）×親会社の持分割合

練習問題　17-2

20X1年 3 月31日に，P 社は S 社の議決権付株式の80％を50,000千円で取得し連結子会社とした。20X1年 3 月31日の連結貸借対照表を作成しなさい。

P 社および S 社の貸借対照表は以下のとおりです。

P 社貸借対照表
20X1年 3 月31日（単位：千円）

諸資産	115,000	諸負債	80,000
土地	30,000	資本金	50,000
子会社株式	50,000	資本剰余金	20,000
		利益剰余金	45,000
	195,000		195,000

S 社貸借対照表
20X1年 3 月31日（単位：千円）

諸資産	65,000	諸負債	40,000
土地	20,000	資本金	25,000
		利益剰余金	20,000
	85,000		85,000

20X1年 3 月31日の S 社の土地の時価は25,000千円であった。他の資産および負債の帳簿価額は時価と同じである。

〈解答〉

連結修正仕訳

20X1年 3 月31日（S 社の資産および負債の時価評価）

借方		貸方	
土地	5,000	評価差額	5,000

20X1年 3 月31日（投資と資本の相殺消去）

借方		貸方	
資本金	25,000	子会社株式	50,000
利益剰余金	20,000	非支配株主持分	10,000
評価差額	5,000		
のれん	10,000		

のれん：10,000千円（子会社株式50,000－（資本金25,000＋利益剰余金20,000＋評価差額5,000）×80％）
非支配株主持分：10,000千円（（資本金25,000＋利益剰余金20,000＋評価差額5,000）×20％）

連結精算表

勘定科目	個別財務諸表			連結修正		連結財務諸表
	P社	S社	合計	借方	貸方	
（貸借対照表）						
諸資産	115,000	65,000	180,000			180,000
土地	30,000	20,000	50,000	5,000		55,000
子会社株式	50,000		50,000		50,000	
のれん	—	—	—	10,000		10,000
資産合計	195,000	85,000	280,000	15,000	50,000	245,000
諸負債	80,000	40,000	120,000			120,000
資本金	50,000	25,000	75,000	25,000		50,000
資本剰余金	20,000	—	20,000			20,000
利益剰余金	45,000	20,000	65,000	20,000		45,000
評価差額	—	—		5,000	5,000	—
非支配株主持分	—	—	—		10,000	10,000
負債純資産合計	195,000	85,000	280,000	50,000	15,000	245,000

連結貸借対照表
20X1年3月31日

諸資産	180,000	諸負債	120,000
土地	55,000	資本金	50,000
のれん	10,000	資本準備金	20,000
		利益準備金	45,000
		非支配株主持分	10,000
	245,000		245,000

（ⅱ）債権債務および連結会社間取引高の相殺消去

　親会社と各子会社または子会社間で行われた取引および債権債務は企業集団内部の取引のため，連結財務諸表の作成では相殺消去します。連結会社間の売上高と売上原価，支払利息と受取利息，売掛金と買掛金，借入金と貸付金等が相殺消去の対象となります。たとえば，親会社P社は子会社S社に商品1,000円を掛で販売し，期末に当該売上に係る売掛金500円が未回収の状態

であった場合，この取引の連結修正仕訳は，次のようになります。

連結修正仕訳

借方		貸方	
売上高	1,000	売上原価	1,000
買掛金	500	売掛金	500

（iii）未実現損益の消去

　連結会社間で商品売買をする場合，本支店間の商品売買と異なり特別な事情がないかぎり，利益を付加します。しかし，企業集団内の取引は内部取引であるため，この付加した利益は外部に販売されないかぎり実現したとは考えません。この実現していない利益は未実現利益であり連結修正仕訳で消去します。たとえば，親会社P社は商品100個を1個当たり単価100円で仕入し，100個すべてを1個当たり単価120円で子会社S社に販売しました。子会社S社は外部の取引先に，そのうち80個を1個当たり単価160円で販売した場合，この取引の連結修正仕訳は，次のようになります（債権・債務は存在せず，税効果は考慮しないものとします）。

連結修正仕訳

借方		貸方	
売上高	12,000	売上原価	12,000
売上原価	400	期末繰越商品	400

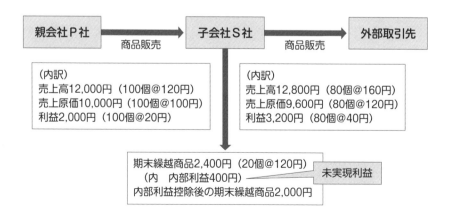

上記の取引の場合，企業集団の売上高，売上原価，利益は外部に販売した売上高12,800円，P社が仕入れた商品の売上原価8,000円（80個×@100円），利益4,800円（売上12,800円−売上原価8,000円）となり，S社の所有している期末繰越商品の原価は内部利益を控除した2,000円となります。

P社とS社の個別財務諸表を単純合算すれば，売上高24,800円（P社売上12,000円＋S社売上12,800円），売上原価19,600円（P社売上原価10,000円＋S社売上原価9,600円），利益5,200円（P社利益2,000円＋S社利益3,200円）となります。

売上高，売上原価および期末繰越商品に関する連結精算表は以下のようになります。

連結精算表

勘定科目	個別財務諸表			連結修正		連結財務諸表
	P社	S社	合計	借方	貸方	
（貸借対照表）						
繰越商品	0	2,400	2,400		400	2,000
（損益計算書）						
売上高	12,000	12,800	24,800	12,000		12,800
売上原価	10,000	9,600	19,600	400	12,000	8,000

練習問題 17-3

P社（親会社）は，S社の議決権付株式の100％を保有して支配している。次の資料に基づき，連結財務諸表作成のために必要な連結修正仕訳を示しなさい。決算日は3月31日とする。

(1) P社は，S社に商品を販売し，当期の販売額は2,400,000円であった。

(2) P社は，S社に原価の20％の利益を付加した価額で商品を販売しており，S社の期末商品のうちP社から仕入れた分が240,000円あった。S社の期首商品には，P社から仕入れた商品はなかった。

(3) S社は，P社に掛代金支払いのため約束手形を振り出したが，そのうち200,000円は決算日現在，満期日を迎えていない。

(4) P社は，S社に5,000,000円を前期より貸し付けている。年利1％で，返済期限は5年後である。前回の利払日は12月末日であった。利息の計算は月割りによる。

〈解答〉

(1)

	借方		貸方	
売上高	2,400,000	売上原価		2,400,000

(2)

	借方		貸方	
売上原価	40,000	繰越商品		40,000

未実現利益：240,000円－(240,000円÷1.2)

(3)

	借方		貸方	
支払手形	200,000	受取手形		200,000

(4)

	借方		貸方	
長期借入金	5,000,000	長期貸付金		5,000,000
受取利息	50,000	支払利息		50,000
未払利息	12,500	未収利息		12,500

受取利息および支払利息：5,000,000円×1％
未収利息および未払利息：5,000,000円×1％×3/12

支配獲得後の連結貸借対照表の作成

　P社は，前々期末（20X1年3月31日）にS社の議決権付株式の80％を2,000千円で取得し支配を獲得した。20X1年3月31日現在のS社の貸借対照表項目（帳簿価額）は，諸資産6,000千円，諸負債4,000千円，資本金800千円，利益剰余金1,200千円であり，諸資産の時価は6,400千円であった。S社は前期に当期純利益480千円を計上し，前期に配当金120千円を支払った。のれんは5年（定額法）で償却する。税効果は考慮しないものとする。

　20X3年3月31日の連結修正仕訳（開始仕訳）を示しなさい。

〈解答〉

20X3年3月31日

開始仕訳

資産および負債の時価評価

借方		貸方	
諸資産	400	評価差額	400

投資と資本の相殺消去

借方		貸方	
資本金（期首残高）	800	S社株式	2,000
利益剰余金（期首残高）	1,288	非支配株主持分	552
評価差額	400		
のれん	64		

S社の資本および非支配株主持分の推移

	20X1年3月31日	当期利益	配当金	のれん償却	20X2年3月31日
（株式取得後のS社の資本および非支配株主持分の推移）					
資本金	800				800
利益剰余金	1,200	480	△120		1,560
評価差額	400				400
	2,400	480	△120		2,760
非支配株主持分(20%)	480	96	△24		552

開始仕訳（　　　）は貸方

	20X1年3月31日	当期利益	配当金	のれん償却	20X2年3月31日
資本金	800				800
利益剰余金	1,200	96	(24)	16	1,288
評価差額	400				400
のれん	80			(16)	64
非支配株主持分	(480)	(96)	24		(552)
S社株式	(2,000)				(2,000)
	0	0	0	0	0

各連結会計年度の連結修正仕訳は以下のようになります。

20X1年3月31日（支配獲得日）
連結修正仕訳

資産および負債の時価評価

借方		貸方	
諸資産	400	評価差額	400

投資と資本の相殺消去

借方		貸方	
資本金	800	S社株式	2,000
利益剰余金	1,200	非支配株主持分	480
評価差額	400		
のれん	80		

非支配株主持分：480千円（（資本金800千円＋利益剰余金1,200千円＋評価差額400千円）
　　　　　　×20%）
のれん：80千円（2,000千円－（資本金800千円＋利益剰余金1,200千円＋評価差額400千円）
　　　　　　×80%）

20X2年3月31日

連結修正仕訳

開始仕訳

資産および負債の時価評価

20x1年3月31日と同様の連結修正仕訳

投資と資本の相殺消去

借方		貸方	
資本金（期首残高）	800	S社株式	2,000
利益剰余金（期首残高）	1,200	非支配株主持分	480
評価差額	400		
のれん	80		

S社の当期純利益の非支配株主に帰属する部分

借方		貸方	
非支配株主に帰属する当期純利益	96	非支配株主持分	96

非支配株主に帰属する当期純利益：96千円（480千円×20%）

S社の配当金支払い

借方		貸方	
受取配当金	96	剰余金の配当（利益剰余金）	120
非支配株主持分	24		

受取配当金：96千円（120千円×80%）
非支配株主持分：24千円（120千円×20%）

のれんの償却

借方		貸方	
のれん償却額	16	のれん	16

のれん償却：16千円（80千円÷5年）

補足解説

　支配獲得日においては，子会社の貸借対照表のみが連結されましたが，その後の連結財務諸表には支配獲得日以降の子会社の業績等が反映されることになります。

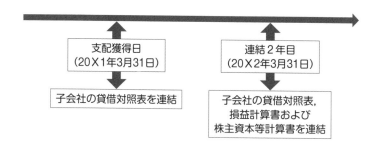

　連結財務諸表は，毎決算日に子会社の個別財務諸表を基にして作成するため，前期末までの連結修正仕訳は，親会社または子会社の個別財務諸表には記帳されていません。そのため，前期末までの連結修正仕訳を，単純合算した財務諸表に反映させる必要があります。この会計処理を「開始仕訳」といいます。練習問題17-2の例では，次年度の連結財務諸表作成のために以下の開始仕訳が行われます。

連結修正仕訳

開始仕訳

S社の資産および負債の時価評価

借方		貸方	
土地	5,000	評価差額	5,000

投資と資本の相殺消去

借方		貸方	
資本金（期首残高）	25,000	子会社株式	50,000
利益剰余金（期首残高）	20,000	非支配株主持分	10,000
評価差額	5,000		
のれん	10,000		

　支配獲得日後において，子会社は利益を計上し，配当金を支払う場合もあります。その結果，子会社の利益剰余金は変動します。支配獲得日後に増減する子会社の利益剰余金のうち，親会社に帰属する部分は親会社の利益剰余金と合算され，非支配株主に帰属する部分は非支配株主持分として処理します。練習問題17-2において，支配獲得日後に子会社が5,000千円の当期純利益を計上した場合，非支配株主の持分比率が20％であるため，当期純利益のうち，非支配株主に帰属する部分は1,000千円（5,000千円×20％）となります。この場合の連結修正仕訳は以下のようになります。

借方		貸方	
非支配株主に帰属する当期純利益 (注1)（連結損益計算書）	1,000	非支配株主持分 (注2)（連結貸借対照表）	1,000

（注1）連結損益計算書は当期純利益を「非支配株主に帰属する当期純利益」と「親会社株主に帰属する当期純利益」と区分表示します。
（注2）連結株主資本等変動計算書の表示科目は，「非支配株主持分当期変動額」が用いられます。

　また，子会社が配当金の支払いを行った場合，子会社の利益剰余金の減少と親会社の受取配当金は企業の内部取引のため配当金の支払いがなかったかのように連結消去が行われます。非支配株主への配当金の支払いは，非支配株主に帰属する子会社の利益剰余金からの配当として非支配株主持分を減少させる処理を行います。練習問題17-2で子会社が配当金4,000千円を支払った場合の連結修正仕訳は以下のようになります。

借方		貸方	
受取配当金	3,200	剰余金の配当（利益剰余金）	4,000
非支配株主持分	800		

受取配当金：3,200千円（4,000千円×80％）
非支配株主持分：800千円（4,000千円×20％）

　支配獲得日に認識されたのれんは，その効果の及ぶ期間で定額法その他合理的な方法で規則的に償却計算が行われます。練習問題17-2では，のれんが10,000千円認識されたためその効果の及ぶ期間を5年とすれば，以下の連結修正仕訳が行われます。

借方		貸方	
のれん償却額（費用）	2,000	のれん	2,000

のれんの償却額：2,000千円（10,000千円÷5年）

第18章 財務諸表の開示

1. 財務諸表の種類

　企業は，一定時点の財政状態，一定期間における経営成績およびキャッシュ・フローを投資家等に報告するために財務諸表を作成します。会社法および金融商品取引法で作成される財務諸表は以下のとおりです。

会社法 （計算書類）	金融商品取引法 （個別財務諸表）
貸借対照表	貸借対照表
損益計算書	損益計算書
株主資本等変動計算書	株主資本等変動計算書
	キャッシュ・フロー計算書 (注2)
個別注記表	注記事項
	付属明細表

（連結計算書類）	（連結財務諸表）
連結貸借対照表	連結貸借対照表
連結損益計算書	連結損益計算書，連結包括利益計算書 （二計算方式）または連結損益及び包 括利益計算書（一計算方式），
連結株主資本等変動計算書	連結株主資本等変動計算書
	連結キャッシュ・フロー計算書 (注2)
連結注記表	連結注記事項
	連結付属明細表

（臨時計算書類） (注1)	（四半期報告書および半期報告書）
臨時貸借対照表	四半期財務諸表 (注3)
臨時損益計算書	中間財務諸表 (注4)

(注1) 臨時計算書類とは，期中の特定の日を臨時決算日として作成される貸借対照表と損益計算書を言います。会社法では期中において剰余金の分配が可能であり，臨時計算書類により期首から臨時決算日までの損益を確定させ，分配可能額を計算する目的に利用される場合が多いと考えられます。

(注2) 連結キャッシュ・フロー計算書を作成している場合，個別ベースのキャッシュ・フロー計算書の作成は要求されません。

(注3) 証券取引所に上場している企業は3ヶ月ごとに業績等を外部に公表するため四半期報告書を作成する義務があります。四半期報告書では四半期連結財務諸表または個別ベースの四半期財務諸表が開示されます。四半期連結財務諸表の範囲は四半期連結貸借対照表，四半期連結損益計算書，四半期連結包括利益計算書（二計算方式）または四半期連結損益及び包括利益計算書（一計算方式），ならびに四半期連結キャッシュ・フロー計算書で，第1四半期および第3四半期連結キャッシュ・フロー計算書の開示は省略できます。個別ベースの四半期財務諸表の範囲は四半期貸借対照表，四半期損益計算書，四半期キャッシュ・フロー計算書で，第1四半期および第3四半期個別キャッシュ・フロー計算書の開示は省略できます。また，四半期連結財務諸表を開示している場合，個別ベースの四半期財務諸表の開示は必要ありません。

(注4) 中間財務諸表を含む半期報告書は四半期報告書を提出している企業は，開示義務はありませんが，有価証券報告書の提出義務のある企業で四半期報告書を提出しなければならない会社以外，たとえば，非上場企業は毎事業年度終了ごとに有価証券報告書を提出する義務がありますが，非上場企業であるため四半期報告書を提出する義務はありません。したがって，有価証券報告書提出企業のうち，非上場会社は半期報告書を提出する義務があります。非上場企業でも任意で四半期報告書を提出している場合，半期報告書の提出は必要ありません。半期報告書では中間連結財務諸表および個別ベースの中間財務諸表が開示されます。中間連結財務諸表の範囲は中間連結貸借対照表，中間連結損益計算書，中間連結包括利益計算書，中間連結株主資本等変動計算書，中間連結キャッシュ・フロー計算書であり，個別ベースの財務諸表の範囲は中間貸借対照表，中間損益計算書，中間株主資本等変動計算書，中間キャッシュ・フロー計算書です。中間キャッシュ・フロー計算書は中間連結キャッシュ・フロー計算書が開示されている場合は要求されません。

2. 貸借対照表

　貸借対照表は，一定時点の企業の財政状態を表す財務諸表です。貸借対照表は，資産の部，負債の部，純資産の部の3つの部から構成されます。財政状態とは，一定時点における資本の運用形態である資産と，その調達源泉である負債，資本の状態を示すことをいいます。資産の部は大きく流動資産と固定資産に分類され，負債の部は流動負債と固定負債に分類されます。貸借対照表は財政状態を表すことから国際財務報告基準では財政状態計算書（Statement of Financial Position）ともいいます。

貸借対照表

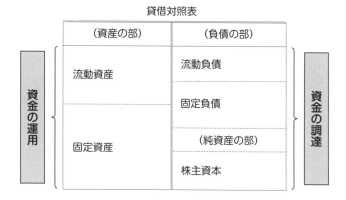

　負債は金融機関等から集めた返済義務のある資金調達の結果であり，他人資本ともいいます。純資産の部は株主から集めた返済義務のない資金調達の結果であり，自己資本ともいいます。

　流動資産と固定資産および流動負債と固定負債の区分は，企業の正常な営業循環過程内にある資産および負債を流動資産および流動負債とし，それ以外を固定資産および固定負債として分類します。この基準を正常営業循環基準といいます。たとえば，売掛金や買掛金は通常の営業活動期間内において現金化されるかぎりは，１年を超えて現金化したとしても流動資産または流動負債となります。正常営業循環基準に該当しない項目は，決算日（貸借対照表日）の翌日から起算して１年以内に入金または支払の期限が到来するものを流動資産または流動負債とします。この基準を１年基準（ワン・イヤー・ルール）といいます。

　貸借対照表は資金の返済能力，財務の健全性，財務の流動性・柔軟性および投資のリターンに関する情報を提供します。貸借対照表は，流動資産と流動負債の比率，財務構造のバランス等を分析し，返済期限に支払いが可能か否かの返済能力の評価，固定資産と調達資金のバランスに関する企業の財務の健全性，損益計算書項目と貸借対照表項目の比率分析による運用資産の効率性の評価または資金調達と利益の比率に関する収益力の評価の情報を提供します。

3. 損益計算書

損益計算書は一定期間の企業の経営成績を表す財務諸表です。損益計算書は利益を各段階別に表示し，企業の儲けの内訳を示しています。

損益計算書

売上高	製品・商品の売上
売上原価	売上に対する原価
売上総利益	粗利益
販売費及び一般管理費	製品・商品の販売に係る販売費用と管理費
営業利益	主たる営業活動からの利益
営業外収益	主たる営業活動外の経常的な収益（受取利息等）
営業外費用	主たる営業活動外の経常的な費用（支払利息等）
経常利益	毎期経常的に発生する利益
特別利益	臨時的な利益（固定資産売却益等）
特別損失	臨時的な損失（固定資産売却損等）
税引前当期純利益	法人税等控除前利益
法人税・住民税及び事業税	税金費用（所得に係る税金）
当期純利益	当期の最終利益

損益計算書は企業の過年度の業績情報，将来の業績予測の基礎となる情報，将来のキャッシュ・フローに関するリスクまたは不確実性の情報を提供します。過年度の業績情報は，企業の売上や利益の推移，同業他社と比較することによって業績評価の分析に利用されます。また，過年度の業績を時系列に比較しそのトレンドを分析することにより，将来の業績予測にも利用されます。さらに，利益の源泉が営業活動から生じたか，あるいは，それ以外の活動から生じたかを分析し，将来のキャッシュ・フロー不確実性の予測情報を提供します。

4. 株主資本等変動計算書

　株主資本等変動計算書は，貸借対照表の純資産の部の一定期間における変動額のうち，主として，株主に帰属する部分である株主資本の各項目の変動事由を報告するために作成する財務諸表です。

　1990年代後半から会計基準のグローバル化が進み，日本の会計基準も改正され，純資産の部に直接計上される項目（その他有価証券評価差額金，為替換算調整勘定等）が増加しました。また，会社法の改正により，いつでも剰余金の分配が可能となり株主資本の計数の変動が容易となった結果，株主資本の変動を開示することは投資家にとって有用な会計情報であると考えられ，2005年7月に公布された会社法で，株主資本等変動計算書の作成が義務づけられました。

　株主資本等変動計算書は，主として，貸借対照表の純資産の部の株主資本の項目の変動額を表すものであるため，その変動額は変動事由ごとに表示されます。株主資本の項目以外の変動額は純額で表示しますが，企業の任意で変動事由ごとに表示することもできます。

　株主資本等変動計算書の様式は，次の表を参照してください。

株主資本等変動計算書の様式

	株主資本										評価・換算差額等				新株予約権	純資産合計
	資本金	資本準備金	その他資本剰余金	資本剰余金合計	利益準備金	××積立金	繰越利益剰余金	利益剰余金合計	自己株式	株主資本合計	その他有価証券評価差額金	繰延ヘッジ損益	土地再評価差額金	評価・換算差額等合計		
当期首残高	×××	×××	×××	×××	×××	×××	×××	×××	△××	×××	×××	×××	×××	×××	×××	×××
当期変動額																
新株の発行	×××	×××		×××						×××						×××
剰余金の配当					×××		△××	△××		△××						△××
××積立金の積立						×××	△××									
当期純利益							×××	×××		×××						×××
自己株式の取得									△××	△××						△××
自己株式の処分			△××	△××					×××	×××						×××
××××										×××						×××
株主資本以外の項目の当期変動額（純額）											×××			×××	△××	△××
当期変動額合計	×××	×××	△××	×××	×××	×××	×××	×××	△××	×××	×××	×××	×××	×××	△××	×××
当期末残高	×××	×××	×××	×××	×××	×××	×××	×××	×××	×××	×××	×××	×××	×××	×××	×××

5. 注記

　注記とは，企業の貸借対照表，損益計算書，キャッシュ・フロー計算書および株主資本等変動計算書の内容をより理解しやすくするための財務諸表の補足情報です。注記の記載内容には，企業が採用した重要な会計方針に関する注記，貸借対照表，損益計算書，キャッシュ・フロー計算書および株主資本等変動計算書に関する注記の他，金融商品に関する時価情報，一株当たり情報等が記載されます。また，継続企業の前提に重要な疑義がある場合は注記が求められます。

6. 会計上の変更と誤謬の訂正

　会計上の変更に関する会計基準は，会計方針の変更，表示方法の変更および会計上の見積りの変更に分類できます。継続性の原則により，採用した会計原則および財務諸表の表示方法は毎期継続して採用することが求められますが，正当な理由があれば会計上の変更を認めています。誤謬の訂正は過去の誤りの訂正であり，意図的であるか否かにかかわらず誤った判断または誤った処理を訂正することをいいます。

　会計上の変更および誤謬の訂正の会計処理は，企業会計基準第24号「会計上の変更及び誤謬の訂正に関する会計基準」および企業会計基準適用指針第24号「会計上の変更及び誤謬の訂正に関する会計基準の適用指針」に規定されています。会計上の変更および誤謬の訂正の原則的な取り扱いは以下のとおりです。

会計上の原則的な取り扱い		
会計上の変更	会計方針の変更	遡及適用する^(注)
	表示方法の変更	遡及適用する（過去の財務諸表の組替え）
	会計上の見積りの変更	遡及適用しない
誤謬の訂正		遡及適用する（修正再表示）

(注) 遡及適用とは，新たな会計方針を過去からあたかも採用していたかのように考え，過去の財務諸表に適用することです。ただし，会計基準等に，特定の経過的な取扱を規定している場合，その経過的な取扱いに従います（適用開始時に遡及適用を行わないことを定めた取扱いなどがある場合等）。

(1) 会計方針の変更

　会計方針とは，財務諸表の作成にあたって企業が採用した会計処理の原則および手続をいいます。会計方針の変更は，一般に公正妥当と認められた会計方針から他の一般に公正妥当と認められた会計方針への変更であり，認められていない会計方針から一般に公正妥当と認められた会計方針への変更は会計方針の変更には該当しません。この場合は変更すべき事項になります。また，重要性がないために従来から採用していた簡便的な会計処理から一般に公正妥当と認められた会計方針への変更は，簡便的な会計処理は本来の会計処理ではないため，本来の会計処理への変更となるため会計方針の変更には該当しません。会計方針を変更した場合は，新たな会計方針を過年度のすべての期間に遡及的に適用し，遡及適用の影響額を財務諸表で表示された期間の最も古い年度の資産，負債および純資産に反映させます。たとえば，当期に会計方針を変更した場合，以下のような取り扱いになります。

前々期およびそれ以前	前期	当期（会計方針の変更）
表示されていない期間	財務諸表の表示期間（二期間）	
遡及適用しその累積的影響額を算定する。	財務諸表 （新たな会計方針で作成） 株主資本等変動計算書に表示される利益剰余金の期首残高に累積的影響額を反映させる。	財務諸表 （新たな会計方針で作成）

開示例（株主資本等変動計算書）

	株主資本			
	資本金	資本剰余金	利益剰余金	株主資本合計
XX年4月1日残高	×××	×××	×××	×××
会計方針の変更による累積的影響額	—	—	△×××	△×××
遡及処理後期首残高	×××	×××	×××	×××

(2) 表示方法の変更

　表示方法の変更とは，従来採用していた一般に公正妥当と認められた表示方法から他の一般に公正妥当と認められた表示方法への変更であり，原則として，過去の財務諸表を新たな表示方法に組替えます。

(3) 会計上の見積りの変更

　会計上の見積りの変更とは，過去の情報が累積されることにより正確な見積ができるようになった状況等において新たに入手した情報に基づき過去の見積方法を変更することであり，変更を行った期間およびその変更が将来に及ぶ場合には，新たな見積り方法を用いて会計処理を行います。過去に遡及して新たな会計上の見積方法を過去の財務諸表には適用しません。過去の見積はその時点では最善の見積であり，遡及適用は過去の見積の誤りを意味することになります。

〈会計方針の変更を会計上の見積りの変更と区別することが困難な場合〉

　会計方針の変更を会計上の見積りの変更と区別することが困難な場合，会計上の見積りの変更と同様に取り扱い遡及適用は行わないこととされています。この場合は注記が求められます。会計方針の変更を会計上の見積りの変更と区別することが困難な場合の例として，減価償却方法の変更があげられます。日本の会計基準では減価償却方法を「会計方針」と規定し，厳密に考えれば，減価償却方法の変更の場合，新たな減価償却方法を遡及適用する必要があります。一方，国際財務報告基準は，使用される減価償却方法は資産

の将来の経済的便益の消費パターンの見積りを反映するものであり，消費パターンの変更がある場合，会計上の見積りの変更として新たな消費パターンを反映する減価償却方法に変更するという考え方です。日本の会計基準は，固定資産の経済的便益の消費パターンを見積ることが困難であるため計画的・規則的に減価償却を行っていますが，減価償却には消費パターンの要素も含まれています。日本の会計基準では減価償却方法の変更は会計方針の変更として位置づけるものの，会計上の見積りの変更と区別することが困難な場合に該当するものと整理されています。また，国際財務報告基準との会計のコンバージェンス（収れん）[16]の観点から減価償却方法の変更は国際財務報告基準と同様に遡及適用は行わないとしています。

(4) 誤謬の訂正

過去の財務諸表における誤謬が発見された場合には，原則的として，過去の財務諸表を修正再表示します。なお，重要性の判断に基づいて過去の財務諸表を修正再表示しない場合，その性質により過去の誤謬に係る修正金額は営業損益または営業外損益として認識することとされています。

---

16) コンバージェンスとは，自国の会計基準を国際財務報告基準に歩み寄らせることであり，日本と米国はコンバージェンスを進めています。国際財務報告基準を自国の会計基準として採用する場合は，アドプションといいます。

参考文献・資料

企業会計審議会

昭和57年（1982年）　企業会計基準・同注解
平成11年（1999年）　外貨建取引等会計処理基準・同注解
平成14年（2002年）　固定資産の減損に係る会計基準

企業会計基準員会

平成10年（1998年）　税効果に係る会計基準・同注解
平成14年（2002年）　固定資産の減損に係る会計基準・同注解
平成18年（2006年）　討議資料　財務会計の概念フレームワーク
平成19年（2007年）　リース取引に関する会計基準
平成20年（2008年）　資産除去債務に関する会計基準
平成21年（2009年）　会計上の変更及び誤謬の訂正に関する会計基準
平成21年（2009年）　会計上の変更及び誤謬の訂正に関する会計基準の適用指針
平成21年（2009年）　固定資産の減損に係る会計基準の適用指針
平成21年（2009年）　固定資産の減損に係る会計基準の適用指針
平成22年（2010年）　繰延資産の会計処理に関する当面の取り扱い
平成23年（2011年）　連結財務諸表における子会社及び関連会社の範囲の決定に関する適用指針
平成23年（2011年）　リース取引に関する会計基準の適用指針
平成23年（2011年）　資産除去債務に関する会計基準の適用指針
平成25年（2013年）　株主資本等変動計算書に関する会計基準の適用指針
平成25年（2013年）　株主資本等変動計算書に関する会計基準
平成25年（2013年）　包括利益の表示に関する会計基準
平成25年（2013年）　貸借対照表の純資産の部の表示に関する会計基準
平成25年（2013年）　連結財務諸表に関する会計基準
平成27年（2015年）　退職給付に関する会計基準の適用指針
平成28年（2016年）　退職給付に関する会計基準
平成29年（2017年）　法人税，住民税及び事業税に関する会計基準
平成30年（2018年）　税効果に係る会計基準の適用指針
平成31年（2019年）　企業結合に関する会計基準
令和元年（2019年）　棚卸資産の評価に関する会計基準
令和元年（2019年）　金融商品に関する会計基準

日本公認会協会

平成26年（2014年）　研究開発費及びソフトウェアの会計処理に関する実務指針

平成30年（2018年）　連結財務諸表における資本連結手続に関する実務指針

令和元年（2019年）　外貨建取引等の会計処理に関する実務指針

令和元年（2019年）　金融商品に関する実務指針

書籍（発行順）

番場嘉一郎『棚卸資産会計』国元書房（1963年）

沼田嘉穂『簿記入門〈借方・貸方〉に強くなる本』光文社（1968年）

高松和男・吉田寛編『簿記学講義』青林書院新社（1971年）

中野常男『複式簿記会計原理（第2版）』中央経済社（2000年）

久野光朗『新版　簿記論テキスト』同文館出版（2007年）

広瀬義州『財務会計（第13版）』中央経済社（2015年）

上野清貴『財務会計の基礎（第5版）』中央経済社（2018年）

市原啓善・加藤藤吉・川﨑紘宗・許霽・櫻田譲・園弘子・高木秀典・政田孝・矢野沙織『基礎簿記会計』五絃舎（2019年）

伊藤邦雄『新現代会計入門』日本経済新聞社（2020年）

櫻井久勝『財務会計講義（第21版）』中央経済社（2020年）

その他

Ernst & Whinney, Employer's Accounting for Pension（1986）

EY新日本有限責任監査法人「わかりやすい解説シリーズ「有価証券の減損」」（2015, 2016）　※EY新日本有限責任監査法人ウェブサイトより

索　引

【さ】

【著者紹介】

柳　年哉（やなぎ・としや）〔第2章，第6〜11章，第13〜18章〕

　公立鳥取環境大学経営学部教授，
　公認会計士（元EY新日本有限責任監査法人大阪事務所シニアパートナー）
　〈主要著書〉
　　『海外子会社の内部統制評価実務』（共著）同文舘出版
　　『英文会計のコミュニケーション』（共著）同文舘出版
　　『実践経理実務シリーズ　制度会計（Ⅱ）
　　　―税効果会計・退職給付会計・金融商品・国際会計―』（共著）同文舘出版
　　『実例　英文財務諸表―アニュアル・レポートの最新分析―』（共著）清文社

川﨑 紘宗（かわさき・ひろのり）〔第1章・第3〜5章・第12章〕

　公立鳥取環境大学経営学部准教授，博士（経営学）神戸大学
　神戸大学大学院経営学研究科博士後期課程修了
　〈主要著書〉
　　『地方創生のための経営学入門』（共著）今井出版
　　『近代会計史入門（第2版）』（共著）同文舘出版
　　『基礎簿記会計（四訂版）』（共著）五絃舎
　　『新版　現代会計用語辞典』（共著）税務経理協会

［編集協力者］
　公立鳥取環境大学経営学部
　　薄竹　広喜（うすたけ・ひろき）
　　木下　千尋（きのした・ちひろ）
　　三谷はるり（みたに・はるり）
　　渡部　日向（わたなべ・ひなた）
　　和田　萌香（わだ・もえか）

2021年3月30日　初版発行　　　　　　　　略称：図解簿記会計

図解　簿記・会計の基本テキスト

著　者　ⓒ	柳	年	哉
	川	﨑　紘	宗
発 行 者	中	島 　治	久

発行所　同 文 舘 出 版 株 式 会 社

東京都千代田区神田神保町1-41　　　　〒101-0051
営業（03）3294-1801　　　編集（03）3294-1803
振替 00100-8-42935　　http://www.dobunkan.co.jp

Printed in Japan 2021　　　　　製版　一企画
　　　　　　　　　　　　　　　印刷・製本　三美印刷
　　　　　　　　　　　　　　　装丁　藤田美咲

ISBN978-4-495-21022-9